U0852201

哈佛经典数学游戏

全脑思维训练丛书

江乐兴 主编

朝華出版社

图书在版编目（CIP）数据

哈佛经典数学游戏 / 江乐兴主编. -- 北京 : 朝华出版社, 2016.7

（全脑思维训练丛书）

ISBN 978-7-5054-3829-3

Ⅰ. ①哈… Ⅱ. ①江… Ⅲ. ①智力游戏 Ⅳ. ①G898.2

中国版本图书馆CIP数据核字（2016）第169540号

哈佛经典数学游戏

作　　者　江乐兴

选题策划　杨丽丽
责任编辑　吕　哲
特约编辑　凌永放
责任印制　张文东　陆竞赢
封面设计　周　飞

出版发行　朝华出版社
社　　址　北京市西城区百万庄大街24号　　邮政编码　100037
订购电话　（010）68413840　68996050
传　　真　（010）88415258（发行部）
联系版权　j-yn@163.com
网　　址　http://zhcb.cipg.org.cn
印　　刷　北京世纪雨田印刷有限公司
经　　销　全国新华书店
开　　本　710mm×1000mm　1/16　　字　　数　240千
印　　张　13.25
版　　次　2016年9月第1版　2016年9月第1次印刷
装　　别　平
书　　号　ISBN 978-7-5054-3829-3
定　　价　28.00元

版权所有　翻印必究 · 印装有误　负责调换

●让我们与思维有个约会 Let's date with thinking●

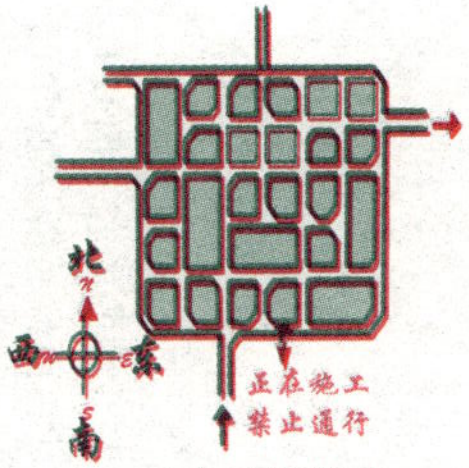

A.观察思维游戏

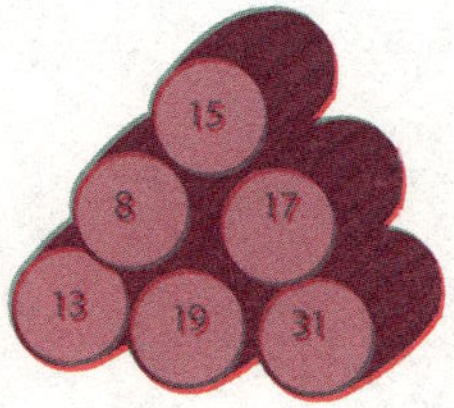

B.演算思维游戏

C.分析思维游戏

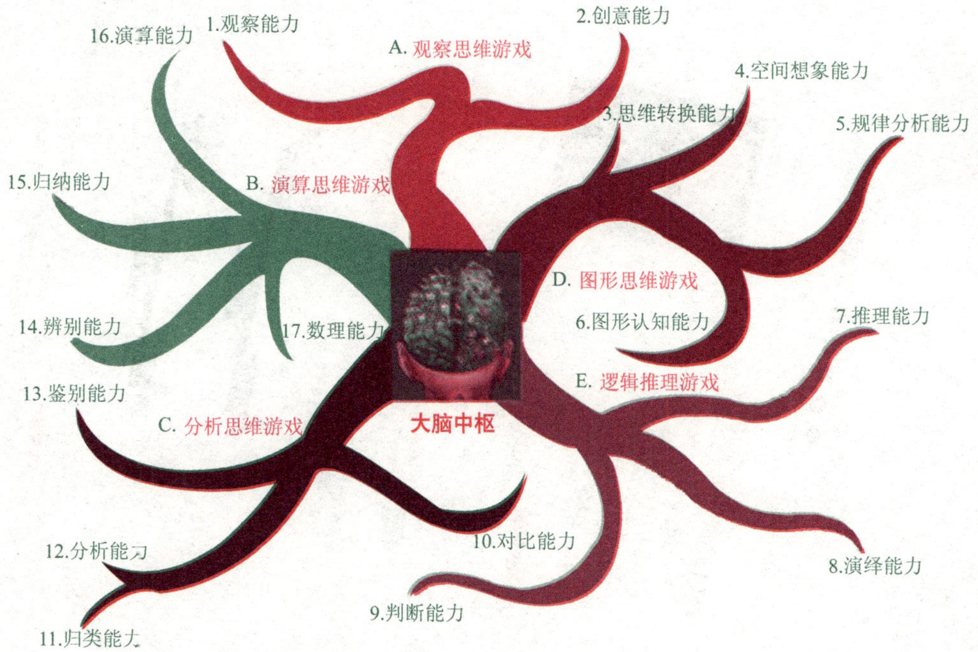

哈佛思维导图 Harvard Thinking Diagram

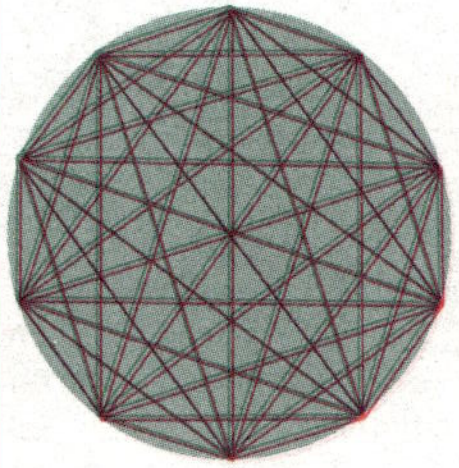

D.图形思维游戏

E.逻辑推理游戏

如何阅读本书

根据不同的主题，精选了近300个最有代表性的数学游戏。

近300个不同特色的数学游戏，可使你的思维得到高速运转。

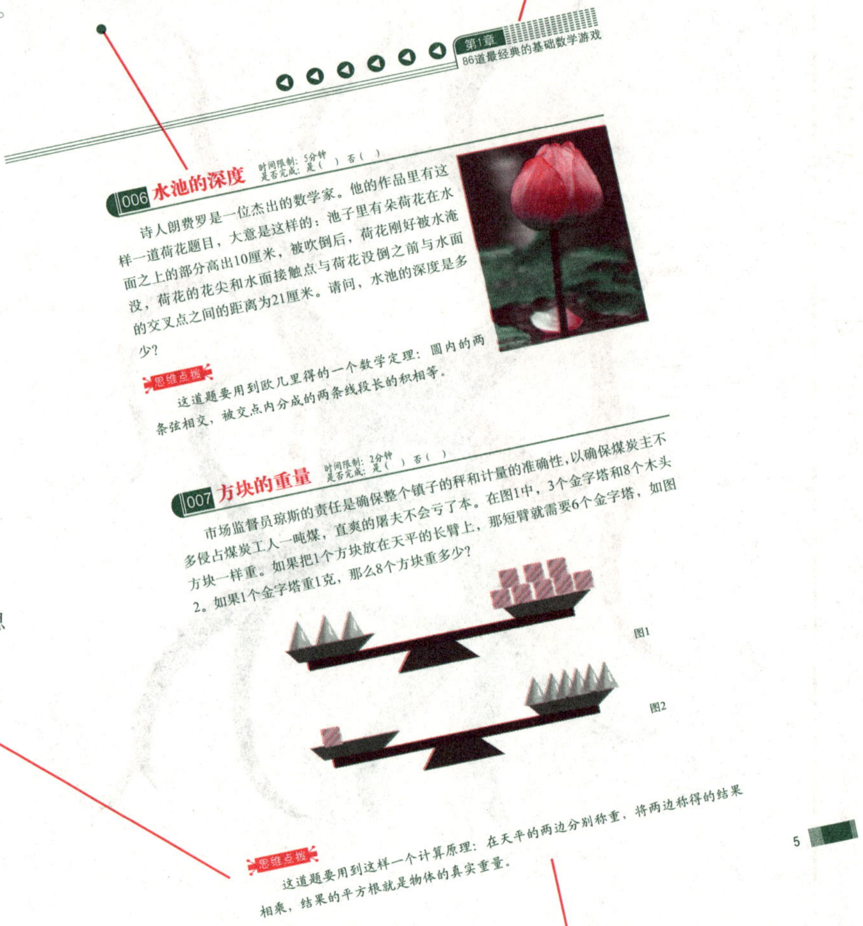

第1章 86道最经典的基础数学游戏

006 水池的深度 时间限制：5分钟 是否完成：是（ ）否（ ）

诗人朗费罗是一位杰出的数学家。他的作品里有这样一道荷花题目，大意是这样的：池子里有朵荷花在水面之上的部分高出10厘米，被吹倒后，荷花刚好被水淹没，荷花的花尖和水面接触点与荷花没倒之前与水面的交叉点之间的距离为21厘米。请问，水池的深度是多少？

思维点拨

这道题要用到欧几里得的一个数学定理：圆内的两条弦相交，被交点内分成的两条线段长的积相等。

007 方块的重量 时间限制：2分钟 是否完成：是（ ）否（ ）

市场监督员琼斯的责任是确保整个镇子的秤和计量的准确性，以确保煤炭主不多侵占煤炭工人一吨煤，直爽的屠夫不会亏了本。在图1中，3个金字塔和8个木头方块一样重。如果把1个方块放在天平的长臂上，那短臂就需要6个金字塔，如图2。如果1个金字塔重1克，那么8个方块重多少？

图1

图2

思维点拨

这道题要用到这样一个计算原理：在天平的两边分别称重，将两边称得的结果相乘，结果的平方根就是物体的真实重量。

5

每一道游戏，均有启发性的“思维点拨”。

游戏中的内容不但具有很强的思辨性，而且通俗易懂。

本书分为基础数学、趣味数学、应用数学、图形数学4大类型，每一类都可以使你的思维能力得到提高。

根据不同的难度，标识有不同的“时间”。

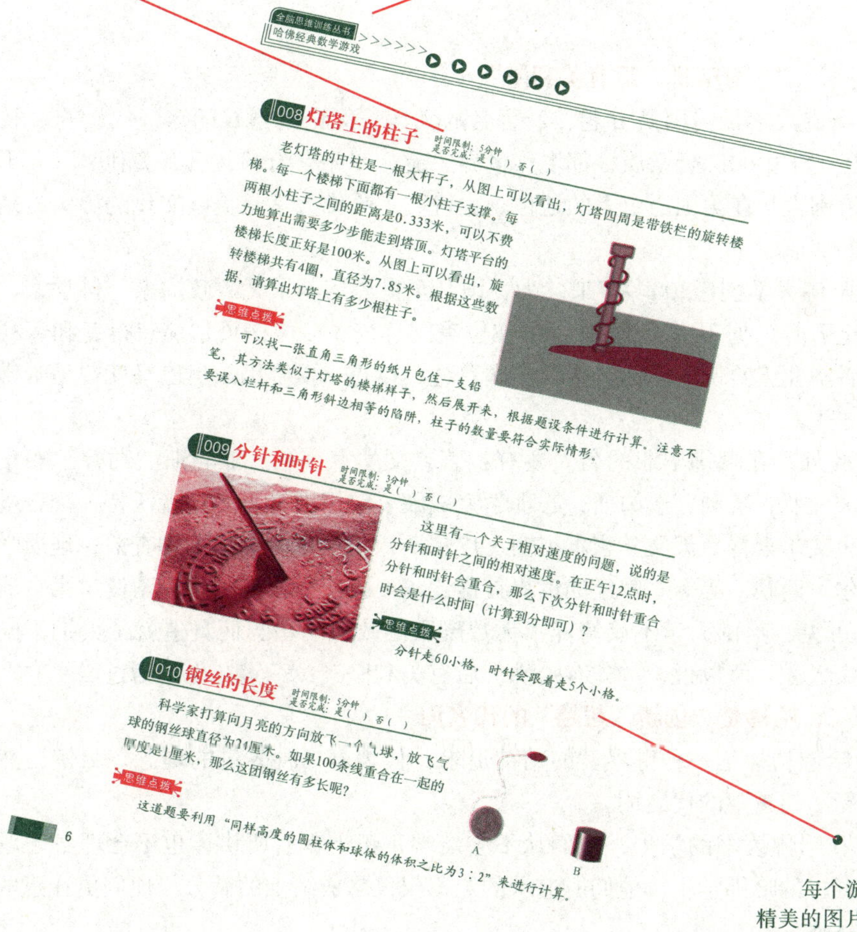
全脑思维训练丛书
哈佛经典数学游戏

008 灯塔上的柱子

时间限制：5分钟
是否完成：是（ ）否（ ）

老灯塔的中柱是一根大杆子，从图上可以看出，灯塔四周是带铁栏的旋转楼梯。每一个楼梯下面都有一根小柱子支撑。每两根小柱子之间的距离是0.333米，可以不费力地算出需要多少步能走到塔顶。灯塔平台的楼梯长度正好是100米。从图上可以看出，旋转楼梯共有4圈，直径为7.85米。根据这些数据，请算出灯塔上有多少根柱子。

思维点拨

可以找一张直角三角形的纸片包住一支铅笔，其方法类似于灯塔的楼梯样子，然后展开来，根据题设条件进行计算。注意不要误入栏杆和三角形斜边相等的陷阱，柱子的数量要符合实际情形。

009 分针和时针

时间限制：3分钟
是否完成：是（ ）否（ ）

这里有一个关于相对速度的问题，说的是分针和时针之间的相对速度。在正午12点时，分针和时针会重合，那么下次分针和时针重合时会是什么时间（计算到分即可）？

思维点拨

分针走60小格，时针会跟着走5个小格。

010 钢丝的长度

时间限制：5分钟
是否完成：是（ ）否（ ）

科学家打算向月亮的方向放飞一个气球，放飞气球的钢丝球直径为21厘米。如果100条线重合在一起的厚度是1厘米，那么这团钢丝有多长呢？

A

B

思维点拨

这道题要利用“同样高度的圆柱体和球体的体积之比为3∶2”来进行计算。

6

每个游戏都配有精美的图片，便于读者阅读和解答。

导读

哈佛教给了我们什么?

一、“先有哈佛，后有美利坚”

哈佛大学是美国最古老、最著名的大学。无论是学校的名气、设施、教授阵容，还是学生的综合素质，都堪称世界一流。“先有哈佛，后有美利坚”，不仅说明了哈佛大学在美国历史上的地位，也说明了哈佛大学是美国文化的源头，是美国人才的摇篮。

哈佛大学创建300多年来，为美国乃至世界培养了无数政治家、科学家、文学家和记者等。据不完全统计，共有8位美国总统、多位诺贝尔奖获得者和普利策奖获得者毕业于哈佛大学。其中，美国总统贝拉克·侯赛因·奥巴马就曾是哈佛大学的高才生。

此外，在哈佛毕业的名人还有：著名文学家亨利·亚当斯、约翰·帕索斯、亨利·梭罗、亨利·詹姆斯，心理学家威廉·詹姆斯，著名记者沃特·李普曼和约瑟夫·艾尔索普，天文学家本杰明·皮尔斯，化学家西奥多·理查兹，地质学家纳萨尼尔·谢勒，等等。曾经的世界首富比尔·盖茨也曾在哈佛大学读过书。

可见，哈佛大学不仅培养了无数耀眼的政治明星，而且造就了大批不同领域的顶尖人才。所以说，“先有哈佛，后有美利坚”，一点儿也不为过。

二、哈佛是“创新、超越”的代名词

哈佛精神是一种世界性的精神追求，代表着一种先进的理念，哈佛已然成为“创新、超越”的代名词。

在哈佛读书的学生，他们从不会端端正正地坐着听讲，也不会埋身于题海战术。真正的哈佛学生，他们所追求的绝不仅仅是成绩上的满分，他们更在意的是创新与挑战。

为了追求创新，每个学生踏进哈佛，都会得到一本《哈佛学生指导手册》，上面写着：“Don't plagiarize!”其中，plagiarize一词源自希腊文，原意是“偷别人的孩子的人”。这句话可以理解为：不要剽窃！正因为哈佛大学长期坚持创新、超越的理念，哈佛学子才得以每天都保持着竞技状态。

他们虽然不拘泥于题山题海的考试，但是特别重视思维方式的锻炼；他们虽然不用天天跟着导师钻研学习，却特别注重大脑潜能的开发。比如，思维游戏的训练就是哈佛学生最爱接受的挑战方式。对于他们来说，一次次挑战成功，就是一次次超越；一次次破解，就是一次次创新。所以，就有了许许多多源于哈佛大学的思维名题。

如今的“哈佛”早已不是传统意义上的哈佛大学，更多的是蕴含了无限魅力的哈佛智慧、哈佛思维、哈佛精神。作为一种具有超强影响力的思维方式，“哈佛”渗透到了社会各个领域，使人们能真实地感到什么是哈佛校训所说的“与真理为友”。

我们组编这套丛书的目的，就是想借助哈佛的先进理念，精选出最有启迪意义的各种思维游戏，从而使读者的智力得到提高，思维得到激发。希望每个读者看后，都能从中得到全新的启迪，在学习和人生的竞技场上，成为时代的先锋！

本丛书共有8册，分别为：

《哈佛经典填字游戏》

《哈佛经典数独游戏》

《哈佛经典趣味游戏》

★《哈佛经典数学游戏》

《哈佛经典思维游戏》

《哈佛经典智商游戏》

《哈佛经典图形游戏》

《哈佛经典推理游戏》

三、本书简介

《哈佛经典数学游戏》是“全脑思维训练丛书”中很有特点的一本。所有的游戏均与数学演算有关，其中既有基础数学游戏，也有应用数学游戏，旨在通过难度不同、角度不一的数学游戏，来提高读者的运算能力、解题技巧和方法，从而使读者的演算思维得到质的提高。

本书分为4个部分：

基础数学游戏：对于巩固加强基础数学知识十分有益。

趣味数学游戏：它将使你领略到数学游戏的无穷乐趣，并从中学到许多相关的知识。做这些游戏将会使你体会到，数学并非你想象的那么枯燥。

应用数学游戏：涉及多种应用领域，能够提高实际应用中的数学解答能力。

图形数学游戏：能够活跃思维，并加深对各类图形的认知和理解能力。

◎与柏拉图为友
◎与亚里士多德为友
◎更要与真理为友

——哈佛校训

目录 Contents

第1章

86道最经典的基础数学游戏

第2章

35道最经典的趣味数学游戏

第3章

133道最经典的应用数学游戏

第4章
44道最经典的图形数学游戏

1

86道

最经典的基础数学游戏

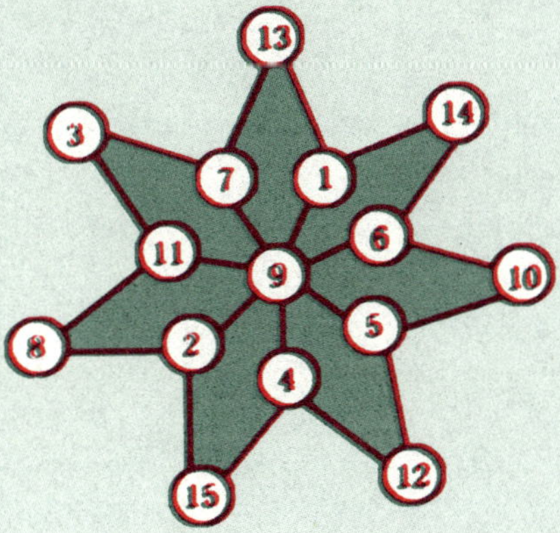

001 平衡的跷跷板

时间限制：2分钟
是否完成：是（ ） 否（ ）

如果图中所有小男孩都坐在跷跷板的一端，那么另一端必须坐多少个小女孩才能保持跷跷板的平衡？

思维点拨

这个题目要用到一个基本代数原理："等式两边同时加上或减去同一个数，等式仍然成立。"

002 让天平平衡

时间限制：5分钟
是否完成：是（ ） 否（ ）

"在等式的两边同时加上或减去同一个数，等式仍然成立"。这是代数的一个基本原理。由此我们也能够推出："和相同数字相等的两个数字相等。"

从图1中可以得出，1个圆锥+3个方块=12颗珠子。从图2中得出，1个圆锥=1个方块+8颗珠子。这时我们在图2天平的两边都加上3个方块，由于两边加上的东西等重，天平依然保持平衡。

图1说明，1个圆锥+3个方块=12颗珠子；图2天平两边各加3个方块后说明，1个圆锥+3个方块=4个方块+8颗珠子，故而，4个方块+8颗珠子=12颗珠子，那么4个方块=4颗珠子。所以，方块和珠子是一样重的。

那么，假如图3天平左边有一个圆锥，右边应该放上多少颗珠子或方块才能使天平保持平衡？

图1

图2

图3

思维点拨

方块和珠子是一样重的，那么从图2中很快就可以找到你要找的答案。

003 山脚至山顶的距离

时间限制：1分钟
是否完成：是（ ）否（ ）

一位脚有残疾的小商贩说，他爬山的速度是1.5千米/小时，下山的速度是4.5千米/小时。他爬一座小山来回共用了6个小时。请问，山脚至山顶的距离是多少？

思维点拨

山脚至山顶的距离是个定量，利用小商贩上山的速度和下山的速度以及来回共用的时间就可以求得山脚至山顶的距离。

004 砖头的重量

时间限制：1分钟
是否完成：是（ ）否（ ）

如图所示，天平的两端正好保持平衡，左边是一块砖头，右边是3/4块砖头和3/4千克重的砝码。想一想，一块砖头的重量是多少？

思维点拨

从图中可知1/4块砖头的重量是多少，那么一块砖头的重量也就出来了。

005 大猫和小猫

时间限制：1分钟
是否完成：是（ ）否（ ）

4只大猫和3只小猫总共重18.5千克，3只大猫和4只小猫总共重16.5千克。问题是，大猫和小猫的重量各为多少？

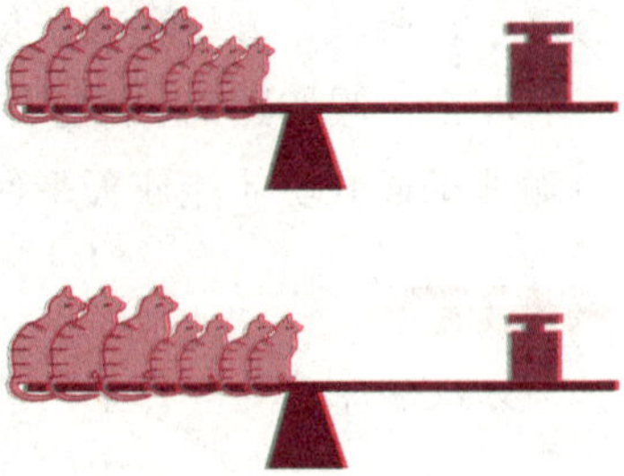

思维点拨

先根据题意求得一只大猫与一只小猫的重量差。

006 水池的深度

时间限制：5分钟
是否完成：是（ ） 否（ ）

诗人朗费罗是一位杰出的数学家。他的作品里有这样一道荷花题目，大意是这样的：池子里有朵荷花，在水面之上的部分高出10厘米，被吹倒后，荷花刚好被水淹没，荷花的花尖和水面接触点与荷花没倒之前与水面的交叉点之间的距离为21厘米。请问，水池的深度是多少？

思维点拨

这道题要用到欧几里得的一个数学定理：圆内的两条弦相交，被交点内分成的两条线段长的积相等。

007 方块的重量

时间限制：2分钟
是否完成：是（ ） 否（ ）

市场监督员琼斯的责任是确保整个镇子的秤和计量的准确性，以确保煤炭主不多侵占煤炭工人一吨煤，直爽的屠夫不会亏了本。在图1中，3个金字塔和8个木头方块一样重。如果把1个方块放在天平的长臂上，那短臂就需要6个金字塔，如图2。如果1个金字塔重1克，那么8个方块重多少？

图1

图2

思维点拨

这道题要用到这样一个计算原理：在天平的两边分别称重，将两边称得的结果相乘，结果的平方根就是物体的真实重量。

008 灯塔上的柱子

时间限制：5分钟
是否完成：是（ ）否（ ）

老灯塔的中柱是一根大杆子，从图上可以看出，灯塔四周是带铁栏的旋转楼梯。每一个楼梯下面都有一根小柱子支撑。每两根小柱子之间的距离是0.333米，可以不费力地算出需要多少步能走到塔顶。灯塔平台的楼梯长度正好是100米。从图上可以看出，旋转楼梯共有4圈，直径为7.85米。根据这些数据，请算出灯塔上有多少根柱子。

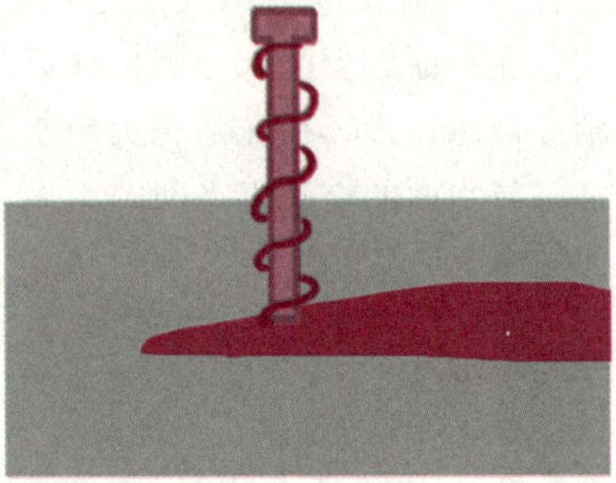

思维点拨

可以找一张直角三角形的纸片包住一支铅笔，其方法类似于灯塔的楼梯样子，然后展开来，根据题设条件进行计算。注意不要误入栏杆和三角形斜边相等的陷阱，柱子的数量要符合实际情形。

009 分针和时针

时间限制：3分钟
是否完成：是（ ）否（ ）

这里有一个关于相对速度的问题，说的是分针和时针之间的相对速度。在正午12点时，分针和时针会重合，那么下次分针和时针重合时会是什么时间（计算到分即可）？

思维点拨

分针走60小格，时针会跟着走5个小格。

010 钢丝的长度

时间限制：5分钟
是否完成：是（ ）否（ ）

科学家打算向月亮的方向放飞一个气球，放飞气球的钢丝球直径为24厘米。如果100条线重合在一起的厚度是1厘米，那么这团钢丝有多长呢？

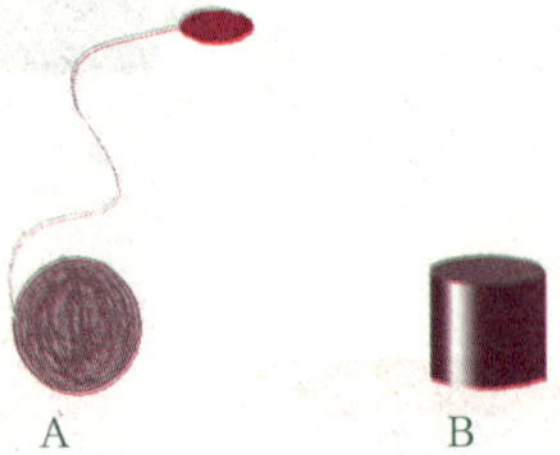

思维点拨

这道题要利用“同样高度的圆柱体和球体的体积之比为3：2”来进行计算。

011 啤酒桶的桶口直径

时间限制：3分钟
是否完成：是（ ）否（ ）

铁匠莫森要为他的阿姨打一个平底桶用来装啤酒。桶深正好12厘米，能装7050立方厘米啤酒，桶口宽度是桶底的2倍。根据上面这些数据，你能算出容积为7050立方厘米、深度为12厘米的啤酒桶桶口直径吗？

思维点拨

这道题要用到圆台的容积公式进行运算。

012 弹力球经过的距离

时间限制：3分钟
是否完成：是（ ）否（ ）

将一个弹力球从距离地面54.56米高的比萨斜塔上掷下。如果弹力球每次反弹起来的高度等于前一次的1/10，请问到它静止不动时总共经过了多少距离？

思维点拨

从第一次弹起又落下开始，每次所经过的距离是弹起高度的2倍，即弹起的高度与再次落下的高度相等。

013 石磨的直径

时间限制：3分钟
是否完成：是（ ）否（ ）

两个憨厚的叙利亚人共同拥有一个小石磨，但是他们两家相隔很远，所以，他们商量由其中年长的那位保管石磨，等到石磨的面积因磨损减小到现在的一半时，就把石磨交由另一个人保管。石磨的直径为22厘米，中间转轴穿过的地方有一个直径$3\frac{1}{7}$厘米的圆孔。那么，当石磨交给另外一个人的时候直径为多少？

思维点拨

这道题的关键是别忘了减去中间小圆孔的面积。

014 逆风骑车

时间限制：2分钟
是否完成：是（ ）否（ ）

一位自行车骑手顺风骑车的速度为3分钟1千米，逆风骑车的速度为4分钟1千米。如果没有风，骑手的骑车速度是多少？

思维点拨

将骑车的速度和风的速度分别设为未知数，即可求得其解。

015 热气球之旅

时间限制：2分钟
是否完成：是（ ）否（ ）

如果由某种机械装置驱动的热气球顺风飞行，可以在10分钟内飞行5千米，但逆风返回起点要1个小时。那么，在没有风时飞完整个旅程的10千米需要多少时间？

思维点拨

先将风速求出来，再求得无风时热气球的速度，即可得知没有风时飞行10千米需要多少时间。

016 晾衣绳的长度

时间限制：1分钟
是否完成：是（ ）否（ ）

哈更太太和她的朋友奥尼尔太太一同买了一条36米长的晾衣绳。由于哈更太太支付了其中大部分的费用，她得到了较长的那段绳子。其中一段是另外一段的5/7。请问，两部分绳子的长度各是多少？

思维点拨

可以将绳子分成12份，再按两段绳子的比例来计算它们的长度。

017 迷信的将军

时间限制：1分钟
是否完成：是（ ） 否（ ）

一个将军带领500多名士兵攻占了一个城市之后，就把全体士兵集合在一起，准备列队在各个街道上游行。他先把士兵排成4列纵队，最后剩下一人；他又把士兵排成6列纵队，最后也是剩下一人；把士兵排成8列纵队，最后还是剩一个人。他感觉很不吉利，于是马上下令撤离了这座城市。那么，你知道他的士兵人数最多是多少吗？

思维点拨

这道题要用最小公倍数求出将军有多少士兵。

018 回家

时间限制：2分钟
是否完成：是（ ） 否（ ）

两位男士在夏季旅行结束后准备回家，劳利从A镇向B镇出发，而风尘仆仆的达斯提也同时从B镇出发前往A镇。两人在路上遇到时，劳利已经比达斯提多走了18千米。双方告别后又经过13.5小时，劳利抵达了目的地B镇，而达斯提则用了24小时才到达A镇。假若他们都以匀速前进，请问，从A镇到B镇的距离是多少？

思维点拨

将两人相遇点至B镇之间的距离设为未知数，根据题意列方程式即可求得其解。

019 坐电车的时间

时间限制：1分钟
是否完成：是（ ） 否（ ）

电车最初造出来的时候，查理请他的未婚妻乘坐电车。但苦于囊中羞涩，他们决定回来的时候走路。

如果电车的速度是9千米/小时，他们走路的速度是3千米/小时，而他们来回的时间必须在8小时以内，他们最多能乘坐多长时间的电车？

思维点拨

将乘电车的时间设为未知数，再根据乘车与步行的路程相等的关系列方程式即可求得其解。

020 杯子与瓶子

时间限制：2分钟
是否完成：是（ ） 否（ ）

这幅图说明的是一个最基础的代数理论。

在第一个天平上，1个水壶与1个瓶子加上1个杯子的重量相等。

在第二个天平上，1个瓶子与1个杯子加上1个盘子的重量相等。

在第三个天平上，2个水壶与3个盘子的重量相等。

以上说明盘子的重量等于2/3个水壶的重量。

图1

图2

图3

图4

现在请看第四个天平，请思考，多少个杯子才能与1个瓶子的重量相等？

思维点拨

根据“与同一数字相等的两个数字相等”这一代数原理进行换算，即可得出正确答案。

021 希腊国王的难题

时间限制：1分钟
是否完成：是（ ）否（ ）

有一次，古希腊的国王想要攻打邻国，于是他问大将军现在统领的士兵有多少。这位将军回答说："兵不满一万，每5人一列、9人一列、13人一列、17人一列都剩3人。"国王听了大将军的话，仍不知道他到底统领了多少士兵。你能快速地算出这位将军统领的兵有多少吗？

思维点拨

这道题牵涉到最小公倍数的问题，根据兵不满一万，很容易就能算出将军统领的兵是多少了。

022 两枚导弹的距离

时间限制：1分钟
是否完成：是（ ）否（ ）

小人国和奶油国开始打仗了。小人国的国王发射了一枚导弹，奶油国的国王也发射了一枚导弹，这两枚导弹相距41600千米，处于同一路线上，他们彼此相向而行。其中，小人国的导弹以每小时36000千米的速度向奶油国行驶，奶油国的导弹以每小时24000千米的速度向小人国行驶。那么，在碰撞的前一分钟彼此相距有多远呢？

思维点拨

碰撞前的一分钟的距离，就是两枚导弹在一分钟内一共能行驶的距离。

023 等于1的算式

时间限制：2分钟
是否完成：是（ ）否（ ）

在下面的数字中挑选出5个数字进行运算，得出的答案为1。请你找出这5个数，并说明按什么顺序运算。

+190 × 12−999 × 4

−87+29 × 9−576

−94+65 × 22−435

× 7 × 8+19+117

思维点拨

这5个数字挑选出来时是要带上前面的运算符号的。

024 两只表的启动时间

时间限制：2分钟
是否完成：是（ ）否（ ）

同时拨动两只表，其中一只表每小时慢2分钟，另外一只每小时快1分钟。晚间，再次看表时发觉快表比慢表快了整整一个小时。快表现在的时间如图所示。请问，两只表是在什么时间启动的？

思维点拨

根据题意可知，快表比慢表每小时要快3分钟。因此，可以计算出快表比慢表整整快一个小时所需要的时间。另外，别忘了晚间看表时的时间（即图中显示的时间）是快表比实际时间走快了的。

025 挥发性药水

时间限制：1分钟
是否完成：是（ ）否（ ）

一种挥发性药水，原来有一整瓶，第二天挥发后变为原来的1/2瓶，第三天变

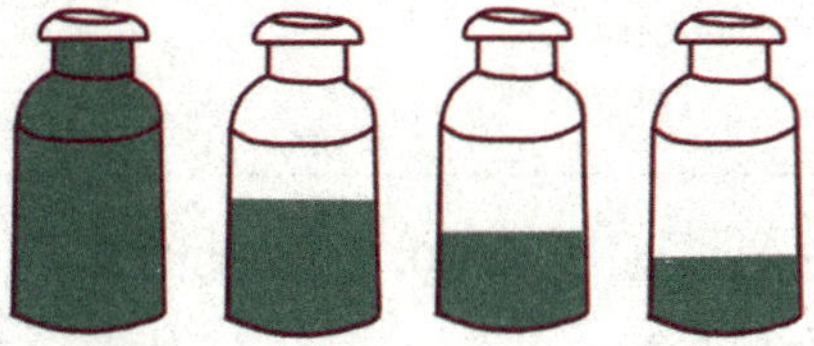

为第二天的2/3瓶，第四天变为第三天的3/4瓶。请问：第几天时药水还剩下1/30瓶？

A．5天　　B．12天

C．30天　　D．100天

思维点拨

将第二至第四天瓶中剩下的药水计算出来，看看其中存在什么规律。

026 小朋友的糖果

时间限制：2分钟
是否完成：是（　）否（　）

假设托米、威利和麦吉用20美分买来20颗糖果。奶糖4美分1颗，口香糖1美分4颗，巧克力1美分2颗。他们每一种糖果各买了多少颗？

思维点拨

4美分1颗的奶糖和1美分4颗的口香糖肯定不是数量最多的。

027 使等式成立

时间限制：1分钟
是否完成：是（　）否（　）

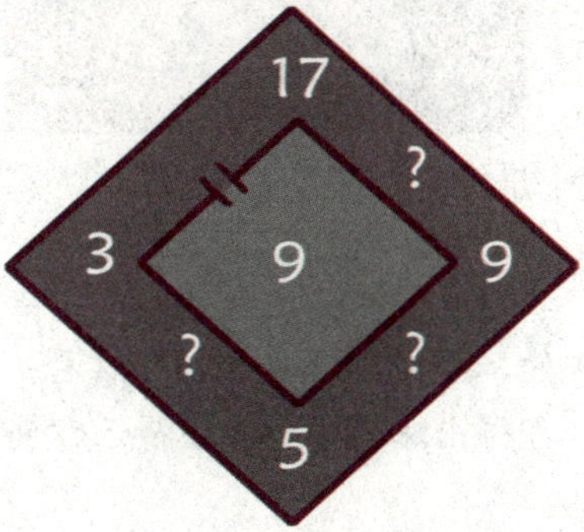

四边形中有3个数学符号没有填入。从顶部开始顺时针计算，问号部分应当填入什么数学符号才能使等式成立呢？

思维点拨

你可以在“-”和“×”之间选择。

028 称面积

时间限制：5分钟
是否完成：是（ ）否（ ）

假如有一张比例尺是1∶1000000的地图，它的长是1米、宽0.6米。地图上有一个不规则的地方S，如图，怎么样用秤称出S的面积呢？

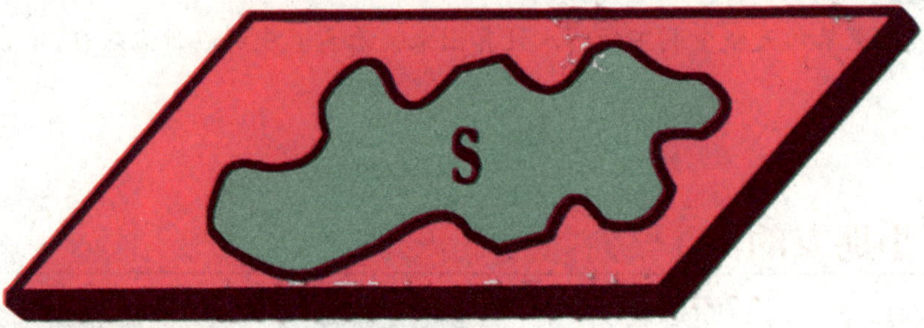

思维点拨

既然要用秤称，那就得先将这张地图黏合在一张平整的木板上，称出整个木板的质量，假定为a克。再沿地图上S这个地方的边界锯下，称一下其质量，假定是g克。然后列出重量与面积之间的比例关系：S的实际面积/整个地图的实际面积≈g/a。

029 足球的直径

时间限制：5分钟
是否完成：是（ ）否（ ）

麦克的居住地是偏远的农村。他们那里买足球通常都是通过邮寄的方式，并根据广告上的尺寸订购足球，供应商要求顾客“给出准确的尺寸”。这就是他们所要解决的问题。

供应商要求顾客给出以英寸为单位的尺寸，但他们并不知道是给出外面球皮的面积尺寸，还是球内空气体积的尺寸，所以，他们只好把这两个标准放在一起，订购了一个面积和体积都相同的足球。那么，这个足球的直径是多少呢？

思维点拨

首先要注意，足球的表面是由许多正五面体组成的，那么球的内部就可以看成是由许多个小棱锥组成的。再根据棱锥的体积公式，可得出球的体积。值得注意的是，所有棱锥的底面积之和刚好等于球的表面积。

030 OA的长

时间限制：1分钟
是否完成：是（ ） 否（ ）

将5个以单位长为半径的相等的圆盘对称地放好，如图所示，使得它们的圆心形成正五边形的顶点，并且它们的圆周都通过该五边形的中心O。

问图中OA有多长？

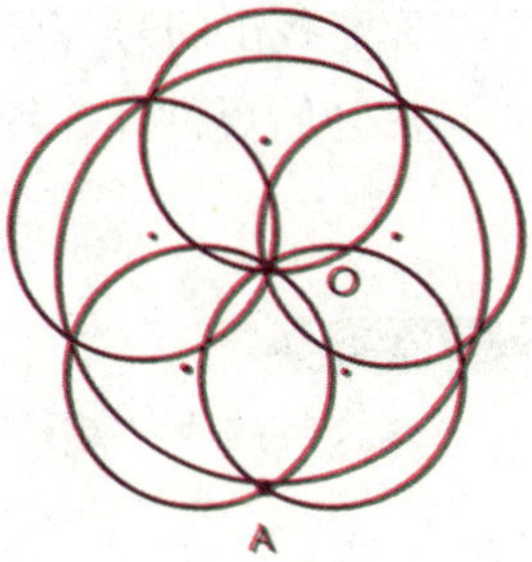

思维点拨

从OA两点到圆心的距离很容易求得OA的长度。

031 相同的值

时间限制：1分钟
是否完成：是（ ） 否（ ）

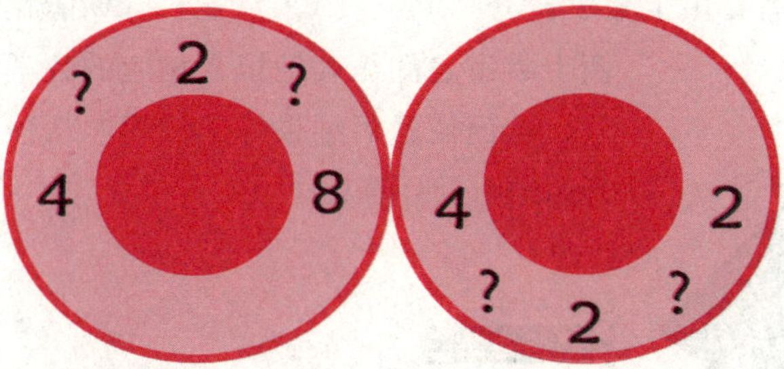

问号部分应当分别用什么数学符号替代才，能使两个部分的值相同且大于1？

思维点拨

你可以在“÷”和“×”之间选择。

032 合适的符号

时间限制：1分钟
是否完成：是（ ） 否（ ）

在问号部分填入合适的数学运算符号，从而使左右两部分的计算所得值相等。

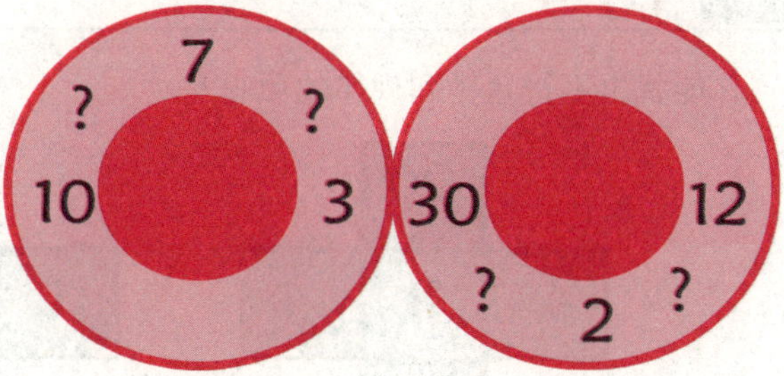

思维点拨

你可以在“+”和“-”之间选择。

033 填符号

时间限制：1分钟
是否完成：是（ ） 否（ ）

你能找出问号部分应当填入的数学运算符号吗？从顶部开始顺时针计算。

思维点拨

在这一题中，要填入的符号都不是相同的。

034 填入符号

时间限制：2分钟
是否完成：是（ ） 否（ ）

在这个四边形中的数字间需要填上数学符号“+、−、×、÷”。你能在每两个数字之间正确地填入相应的数学符号，从而使最后结果等于62吗？从顶部开始顺时针计算。

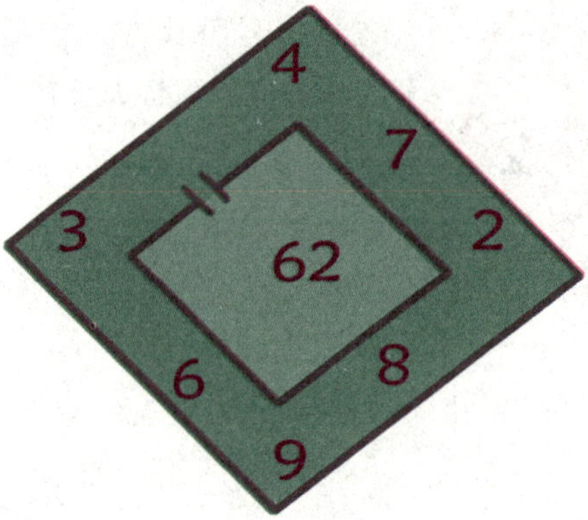

思维点拨

可以提醒你的是，这4个数学符号中，有3个需要使用两次，另外还需要使用括号。

035 十字阵

时间限制：3分钟
是否完成：是（ ） 否（ ）

你能找出不符合排列规律的项吗？

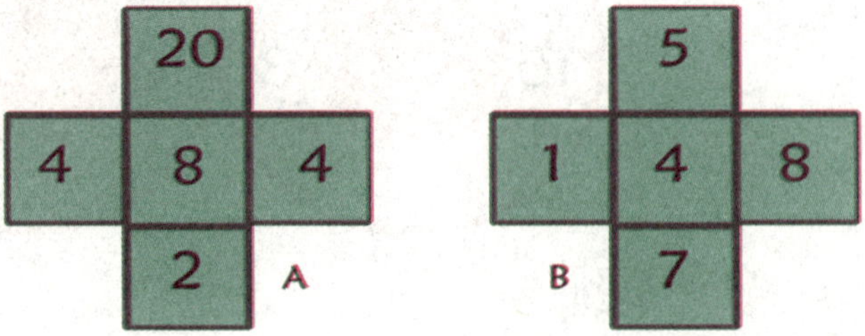

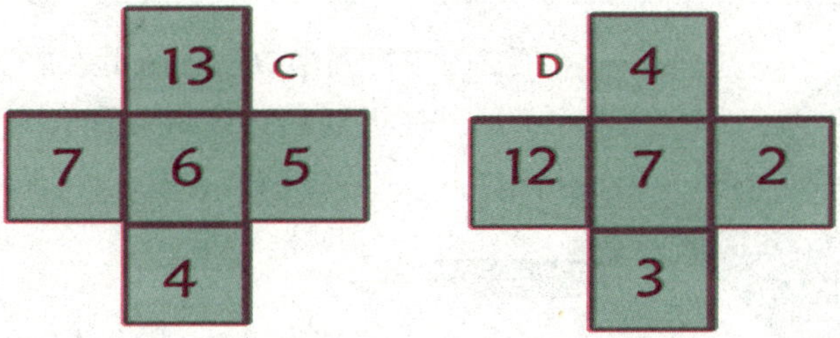

思维点拨

从十字图形中横向的3个数与纵向的3个数中去找规律。

036 快速解答

时间限制：2分钟
是否完成：是（ ） 否（ ）

（1）$1^2=1$

$2^2=1+3$

$3^2=1+3+5$

请仔细研究上面这些式子，看能否从中找出某种规律，然后利用这种规律迅速算出下面式子的答案：

①$1+3+5+7+9+11=?$

②$1+3+5+7+9+11+13+15+17+19+21+23+25=?$

（2）$1^3+2^3=9$　　$(1+2)^2=9$

$1^3+2^3+3^3=36$　　$(1+2+3)^2=36$

从中找出规律，然后算出下式的答案：

$1^3+2^3+3^3+4^3+5^3+6^3+7^3+8^3+9^3+10^3-?$

思维点拨

（1）中要从项数找规律；（2）中要从立方与平方找规律。

037 括号的妙用

时间限制：2分钟
是否完成：是（ ）否（ ）

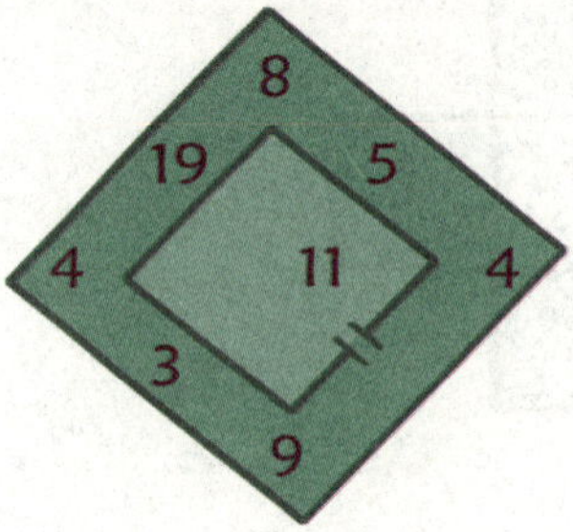

在右图中每两个数字之间填入数学符号“+、-、×、÷”，使最后的计算结果等于11。从底部开始逆时针计算。

思维点拨

在算式中，需要先加减的数要注意运用括号括出来。

038 球的直径

时间限制：3分钟
是否完成：是（ ）否（ ）

你能用一个球（比如门球）、一张纸、一个圆规、一根没有标记的直尺和一支铅笔，在这张纸上画一线段，令它等于该球的直径吗？

思维点拨

先用圆规在球上确立三个点，再以保持这三个点的距离不变的情况下到纸上作三角形，然后以此三角形画圆，再想办法求得圆的直径。

039 搬盘子的次数

时间限制：1分钟
是否完成：是（ ）否（ ）

贝拿勒斯塔是世界的中心，在这里有3根高45.7厘米的钻石针，每根针都如蜜蜂的身体一般粗细。在这里面的一根针上串着64个纯金的盘子，最大的一个盘子放在黄铜板子上，上面放着依次缩减的64个纯金盘子。这就是婆罗门塔。随着时光流转，僧人每天都按照婆罗门定的规则把盘子从一根针向另一根转移，一次只能移动一个盘子，而且每个盘子都只能放在比它大的盘子上。当64个盘子都转移到另外一根钻石针上的时候，塔、寺庙和婆罗门就将消失，世界末日就要来临。

若是一人一次拿一个盘子，那么，要全部转移一个婆罗门塔需要的次数是（$2^{64}-1$）次，即18446744073709551615次，即使僧人不出任何差错，每秒钟移动一个盘子，也需要亿万年才能完成这一壮举。现在，我们把盘子数量减少到13个，这样要把一摞盘子搬到另外的一个位子至少需要多少步呢？

允许你把搬下来的盘子放成两摞，但是任何一个盘子都不能放在比它小的盘子上面。

思维点拨

从搬婆罗门塔的次数中可以找到规律。

040 难猜的数

时间限制：2分钟
是否完成：是（ ） 否（ ）

有一个数，当它加上100后所得的数是一个正整数的平方，然后用所得的数再加上68，又是另外一个正整数的平方。你能算出这个数是多少吗？

思维点拨

两个正整数的平方相差68，那么这两个数都是小于20的数。

041 直角三角形

时间限制：3分钟
是否完成：是（ ） 否（ ）

这道题是关于面积相等而边长不等的直角三角形的问题。例如底边为35厘米、高为12厘米、斜边为37厘米的直角三角形的面积与边长分别为20、21和29厘米的三角形的面积都为210平方厘米。现在已给出另外一个面积为3360平方厘米，而边长为整数且均不相等的直角三角形。你能想出多少个符合这个要求的三角形呢？

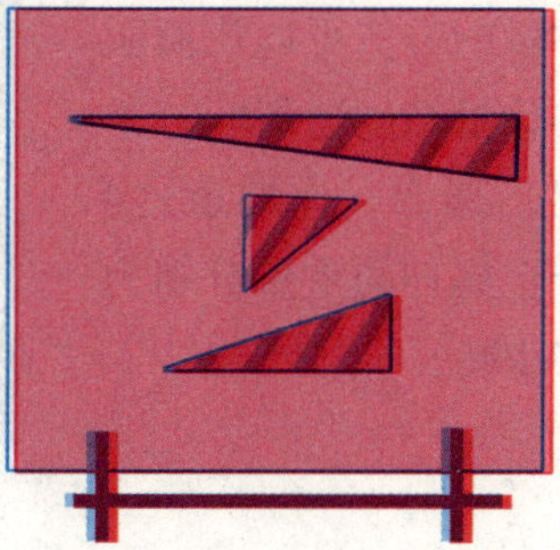

思维点拨

要综合三角形的面积公式和勾股定理来考虑。

042 有趣的算式

时间限制：1分钟
是否完成：是（ ） 否（ ）

有这样一个数，它乘以5后加6，得出的和再乘以4后加9，然后再乘以5，得出的结果减去165，把结果的最后两位数遮住就是最初的数字。你知道这个数是多少吗？

$$[(?\times5+6)\times4+9]\times5-165=?00$$

思维点拨

随便找两个数代入算式中试一试就可知道答案了。

043 金属的重量

时间限制：5分钟
是否完成：是（ ） 否（ ）

在一本古老的游记书里面有这样一幅图片，图中描绘的是一种古老的称量方法。岛上居民从地里收获了大量的农产品，包括大米、烟叶、棕榈和糖等等，他们用这些农产品与流动商贩交换日常用品。商贩们用一种独特的称重方式来称量从当地人那里收来的农产品。秤的结构非常简单，只包括一根平衡杆和四个尺寸不同的金属环，尺寸不同的金属环代表不同的重量。这些商贩随身携带这些金属环，把金属环像手镯一样套在手臂上。凭借这些环，商贩能够称量出0.25千克至10千克的物品。这种称量的方法可以让商贩的计量精度达到0.25千克。那么，你知道这4个金属环的重量分别为多少吗？

思维点拨

因为计量精度要达到0.25千克，因此所有金属环的重量应当都是0.25的倍数。而且4个数加起来的和等于10。

044 问号处填数

时间限制：1分钟
是否完成：是（ ） 否（ ）

找找图中的数字规律，想想两个问号处应为什么数字。

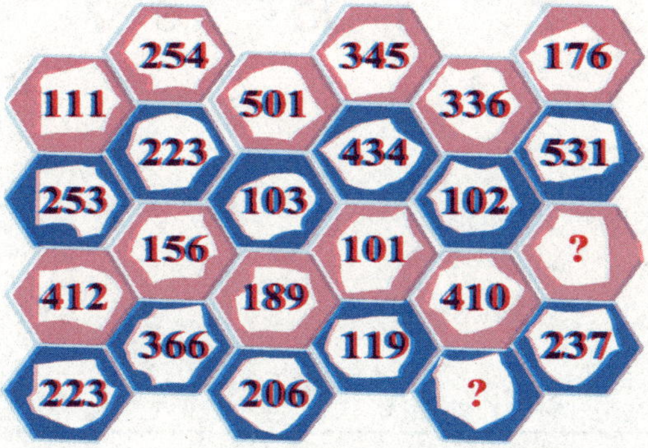

思维点拨

图中数字的排列规律不是以颜色来区分的，所以要从纵向排列的数字上找规律。

045 带状土地的宽度

时间限制：2分钟
是否完成：是（ ） 否（ ）

得克萨斯州有位农场主拥有大量土地，他自己种不完，就将一块土地的一半出租给一位邻居耕种。这块地有2000米长，1000米宽，但中间有一部分不适合耕种。他们便商定围绕这块地的周边划出一条环带状土地以得出总面积的一半，而不是从中间对半分开。

你能求出这块带状土地的宽度吗？

思维点拨

这里面含有一条适用于一切矩形土地的简单规则。要利用矩形的边长与对角线来进行计算。

046 找规律填数

时间限制：1分钟
是否完成：是（ ）否（ ）

找出规律，为三角形D的问号部分找出一个合适的数字替代。

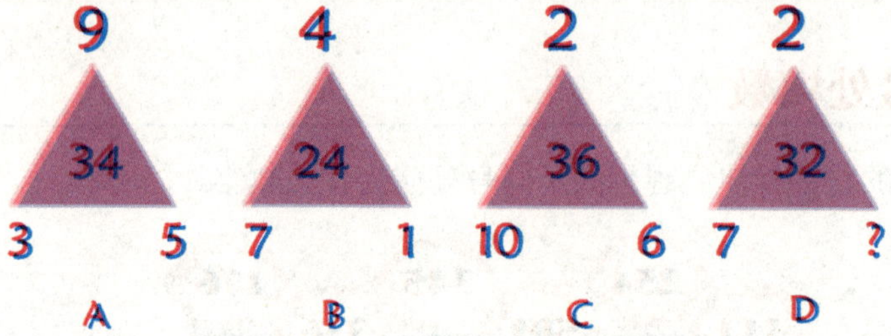

思维点拨

每一个三角形都要用到加法与乘法。

047 冰和水

时间限制：2分钟
是否完成：是（ ）否（ ）

冰融化成水后，它的体积减小1/12。当水再结成冰后，它的体积会增加多少呢？

思维点拨

可假设冰为12毫升，由冰融化成水后，它的体积减小1/12，变为11毫升，再结为冰时又变为12毫升。这样可求得相对于水而言，它的体积增加的比例。

048 填符号

时间限制：2分钟
是否完成：是（ ）否（ ）

四边形中有3个数学符号没有填入。从顶部开始顺时针计算，问号部分应当填入什么数学符号才能使等式成立呢？

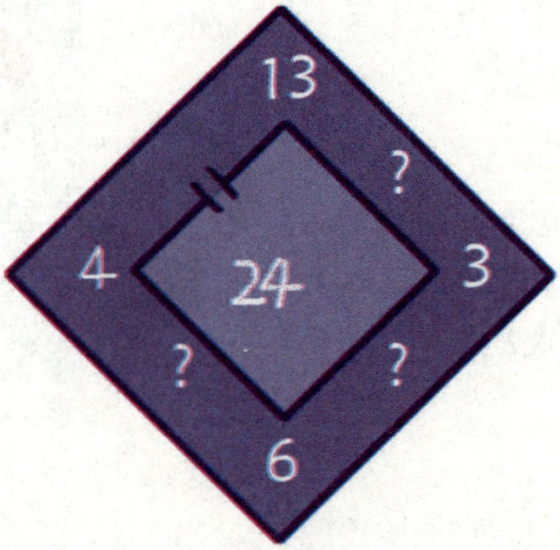

思维点拨

你需要用到“+、×、÷”，还需要用到括号。

049 问号处的数字

时间限制：2分钟
是否完成：是（ ）否（ ）

你能发现各个三角形中的数字之间的关系吗？然后找出问号部分应该填入的数字。

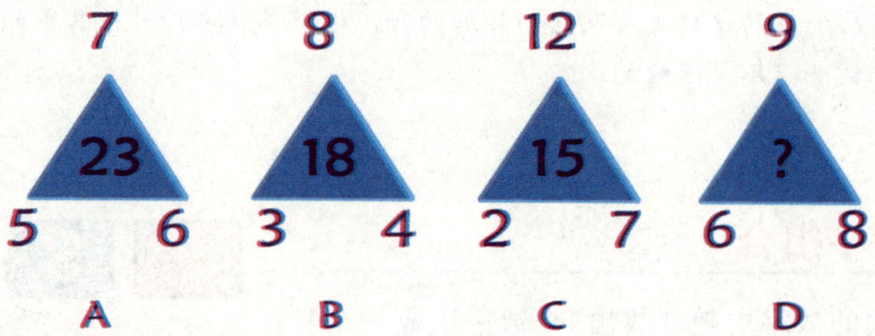

思维点拨

前面三角形的数与后面三角形的数存在联系，最后一个三角形的数又与最前面三角形的数有联系。

050 纸的厚度

时间限制：2分钟
是否完成：是（ ）否（ ）

把一张厚为0.1毫米的很大的纸对半撕开，重叠起来，然后再撕成两半叠起来。假设如此重复这一过程25次，这叠纸会有多厚？

思维点拨

首先要从前面几次找规律，比如第一次撕开变成了2张0.1毫米厚的纸，第二次撕开变成了2^2张，第三次变成2^3张……

051 两个隐藏的数

时间限制：1分钟
是否完成：是（ ）否（ ）

下列数字中隐藏着两个数，其中一个是另一个的2倍，两个数相加的和为10743。这两个数是什么？

57135816238

思维点拨

根据这两个数的倍数关系及它们相加的和，很容易就可计算出其中的一个数。考虑这两个数可以不是连续的。

052 数字组合

时间限制：1分钟
是否完成：是（ ）否（ ）

从右边的数字中随便找出3个数字组成一个号码，但其中任意两个数字不能来自同一行或同一列。请判断哪组号码能被3除尽。这样选择的号码无法被3除尽的可能性有多少？

4	8	6
7	2	3
1	5	9

思维点拨

只需注意依游戏规则任意组合的3个数的和与3是否存在倍数关系。

053 蜜蜂采蜜

时间限制：2分钟
是否完成：是（ ）否（ ）

一只蜜蜂外出采花粉，发现一处蜜源，它立刻回巢招来10个伙伴，可还是弄不完。于是，每只蜜蜂回去各自又找来10只蜜蜂，大家再采，仍剩下很多。于是蜜蜂们又回去叫同伴，每只蜜蜂又叫来10个同伴，但仍然采不完。蜜蜂们再回去，每只蜜蜂又叫来10个同伴。这一次，终于把这一片蜜源采完了。你知道这块蜜源的蜜蜂一共有多少只吗？

思维点拨

当蜜蜂第二次回去招同伴时，回去的蜜蜂一共有11只了。

054 数字大圆盘

时间限制：1分钟
是否完成：是（ ）否（ ）

下图是一个数字大圆盘，请找出规律，为问号部分找出一个合适的数字替代。

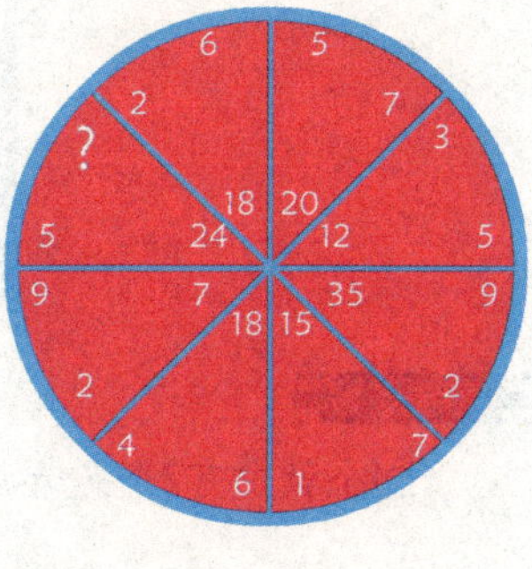

思维点拨

将每一个格外圈的两个数字相乘，然后找出规律。

055 数字魔阵

时间限制：1分钟
是否完成：是（ ） 否（ ）

如图所示，有一个魔术方阵，其纵向、横向、斜向相加之和均等于15。现在，要求做一个纵向、横向、斜向相加之和均等于16的魔术方阵，而且方阵中的数字也全不相同。请问应该怎样设计？

2	7	6
9	5	1
4	3	8

思维点拨

原有的三个数变换成另外三个数，它们各自相加之和只相差1，那么只能考虑分数。

056 四个自然数

时间限制：2分钟
是否完成：是（ ） 否（ ）

有4个自然数，它们的和是14。如果把它们填入下图四个括号内，其计算的结果相加仍然是14。你能把这4个自然数找出来吗？

（ ）−1=
（ ）×2=
（ ）×3=
+ （ ）−4=
————————
14

思维点拨

这4个数中有2个是奇数，2个是偶数。

057 对应数字盘

时间限制：2分钟
是否完成：是（ ） 否（ ）

如果A对应于B，那么C对应于D、E、F、G中哪一个数字盘？

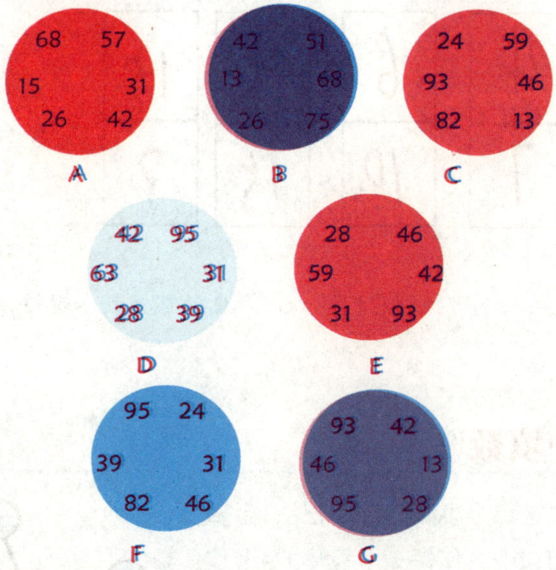

思维点拨

从A和B两个数字盘中的奇数数字上找规律。

058 不同的三角形

时间限制：2分钟
是否完成：是（ ） 否（ ）

4个三角形之间是通过一个简单的数学公式联系在一起的。你能找出其中不同的一个吗？

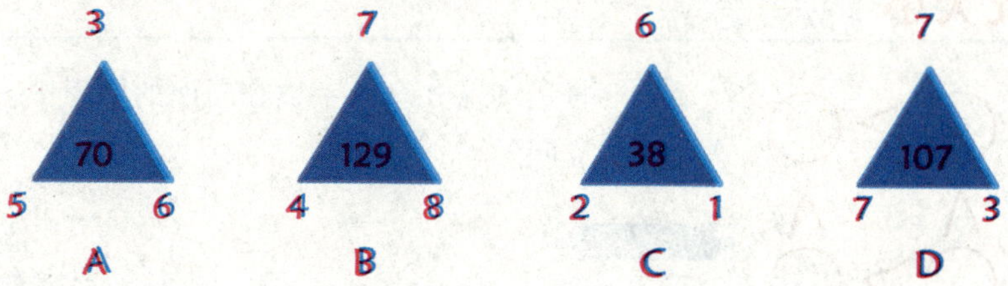

思维点拨

先计算三角形中间的数字是通过什么样的运算方式得来的。

059 填数字

时间限制：1分钟
是否完成：是（ ） 否（ ）

你能找出下列数格中的规律，并填出问号处的数吗？

4	6	9	13
7	10	15	?

思维点拨

从10和15这两个数入手，找到它们是如何产生的就找到了规律。

060 七角星中填数

时间限制：2分钟
是否完成：是（ ） 否（ ）

如图的七角星中有15个小圆圈。请把从1至15这15个数分别填入圆圈中，使每一个菱形的4个数的总和都为30。

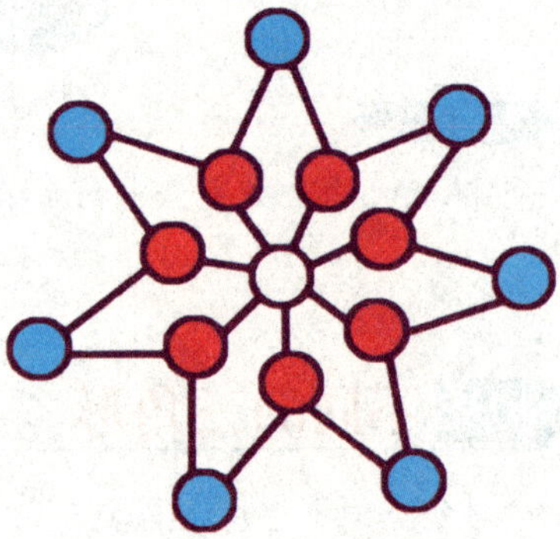

思维点拨

中心位置的数是一个最关键的数。

061 比大小

时间限制：1分钟
是否完成：是（ ） 否（ ）

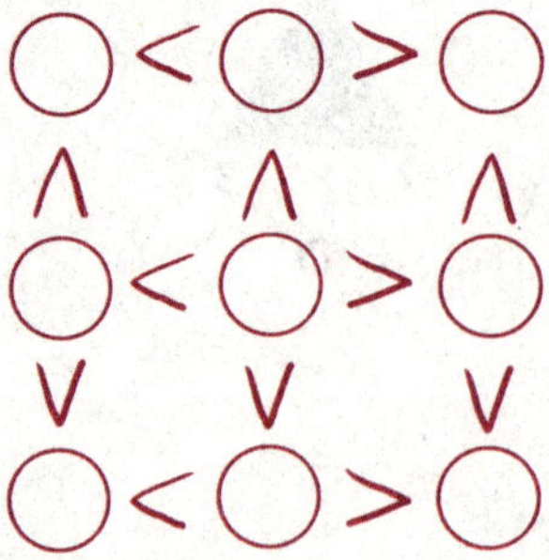

你能将1～9这九个数字填在左面的图形中，使得这个图形成立吗？

思维点拨

首先考虑正中间应该填入哪一个数，接下来其余的数就好填了。

062 删除数字

时间限制：2分钟
是否完成：是（ ） 否（ ）

如图所示，欲使每一竖列和横列的数字总和等于70，只需删掉4个数字即可。试问，应删掉哪4个数字？

21	28	21	21
42	14	14	14
21	14	14	35
7	28	35	35

思维点拨

依次将横列和竖列的数字分别相加，然后减去大于70的共用数就行了。

063 被分割的正方形

时间限制：3分钟
是否完成：是（ ） 否（ ）

你能找出下面4个正方形中数字的规律，推断问号处应该填什么数字吗？

思维点拨

将正方形分成4个小部分来看，再从相同位置的数字之间去找规律。

064 方框中的规律

时间限制：3分钟
是否完成：是（ ） 否（ ）

你能找出方框中数字的排列规律，并且指明问号部分应当填入的数字吗？

5	3	8	7
12	15	49	56
3	9	4	12
18	27	36	?

思维点拨

将整个方框分成相等的4个部分来看，再从每个部分中找到相同的规律。

065 正方形中的数字规律

时间限制：3分钟
是否完成：是（ ） 否（ ）

你能找到以下数字的排列规律，并推断出最后一个正方形内的问号部分应当填入的数字吗？

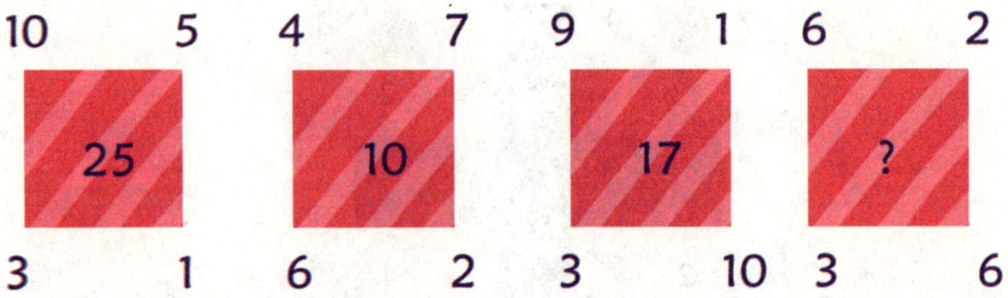

思维点拨

在每一个正方形中，4个角上的数字之间要进行乘法和减法运算，然后得到中间的数。

066 找数字的规律

时间限制：5分钟
是否完成：是（ ）否（ ）

根据规律，指出问号部分应当填入的数字。

1536	48	96	3
384	192	24	12
768	96	48	6
192	?	12	24

思维点拨

方框中的数字是按照某一英文字母的字形以一定的规律行进的。

067 复杂的运算

时间限制：5分钟
是否完成：是（ ）否（ ）

你能根据规律找出问号部分应当填入的数字吗？

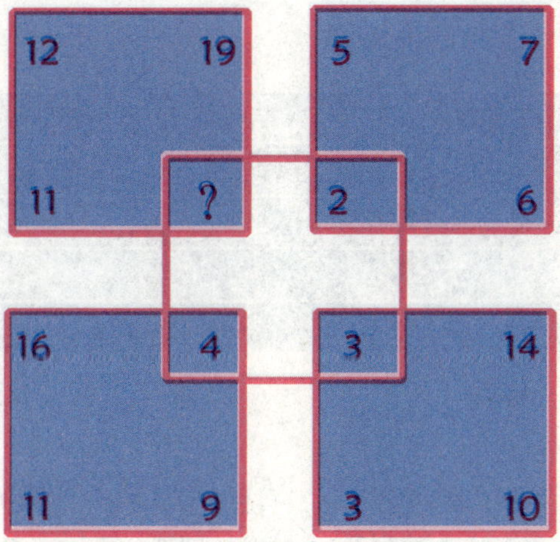

思维点拨

将中间正方形内侧的3个数进行数学运算，得到一个数。然后，将这个得到的数中的数字再进行运算得到另一个数。最后，将首先得到的数与第二次运算得到的数再进行运算，得到的数即是中心的小正方形中的数。

068 三足鼎立

时间限制：3分钟
是否完成：是（ ） 否（ ）

你能根据规律推断出问号部分应当填入的数字吗？

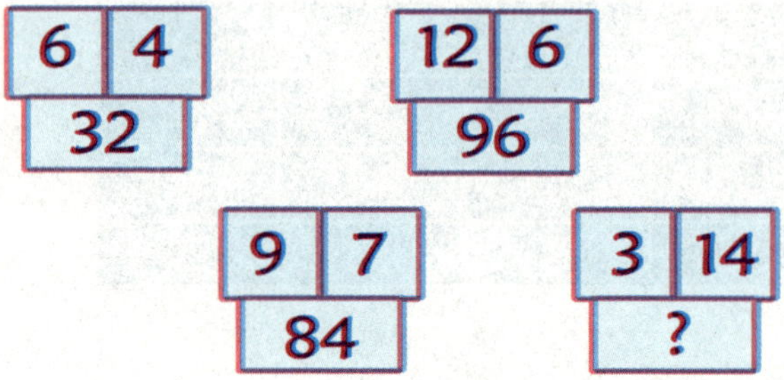

思维点拨

每一个底部长方形中的数字是由上面两个正方形中的数字通过运算得来的。

069 多种运算

时间限制：8分钟
是否完成：是（ ） 否（ ）

在这些序列中问号处应填哪些数？

A	7	9	16	25	41	?			
B	4	14	34	74	?				
C	2	3	5	5	9	7	14	?	?
D	6	9	15	27	?				
E	11	7	-1	-17	?				

思维点拨

在A和C列中运算符号只用到了“+”；在B列中运算符号既用到了“+”，也用到了“×”；在D和E列中运算符号用到了“×”和“-”。

070 画一条折线

时间限制：2分钟
是否完成：是（ ） 否（ ）

在下面9个方格里有数字1～9，请你画一条折线，且从折线上经过的数相加的和最大，这个数是多少？

8	1	6
3	5	7
4	9	2

思维点拨

这条折线要尽可能多地经过几个数才能使经过的数相加的和最大。

071 补空缺

时间限制：5分钟
是否完成：是（　）否（　）

格子中的数字按照5、6、4、7、3、8、2、9、1的顺序排列，有些由字母替代。你能找出其中的规律并且将缺失部分补充完整吗？

6	G	B	6	2	G	F	5
5	D	3	9	D	I	3	4
1	F	7	H	A	7	1	H
9	E	4	C	2	5	C	E
2	A	6	G	8	I	F	8
8	I	5			B	1	4
3	B	1			H	9	E
7	H	9	E	4	C	2	A
4	C	2	A	6	G	8	I
6	G	8	I	5	D	3	D
A	D	3	B	1	F	7	H
H	5	7	H	9	E	4	C
6	2	F	C	2	A	6	G
8	D	I	4	8	I	5	D
A	B	7	1	G	B	1	F
F	5	9	C	E	3	9	E

思维点拨

这些字母代表的是其在字母表中的序号，将这些字母换成数字，再根据排列顺序找到其中的规律。

072 和为10的数

时间限制：3分钟
是否完成：是（ ）否（ ）

仔细观察下面格子中的数字，你会发现有横向、纵向或者斜向的多对数字的和正好为10。你能发现几对这样的数字？

5	3	6	4	4	3	5	7	5	7	9	2	2	5	8	3
9	8	9	6	1	5	8	6	6	8	3	7	6	7	4	4
2	1	5	7	8	3	1	3	5	1	6	6	8	9	8	6
7	6	2	9	1	1	8	3	1	5	1	7	5	3	4	1
8	5	6	6	2	4	4	8	3	8	4	7	1	6	1	8
7	6	2	2	5	2	3	7	4	5	8	5	7	6	3	1
7	9	3	1	8	4	5	4	7	7	9	4	8	5	6	3
3	6	8	8	2	9	8	8	2	5	7	2	1	8	3	5
5	6	9	6	5	3	4	7	4	7	4	2	6	6	5	5
1	6	3	2	3	4	5	8	1	1	2	4	9	3	2	7
5	8	9	7	1	8	3	6	9	3	6	3	5	4	9	4
8	4	5	6	7	1	5	1	8	5	8	3	1	2	5	7
7	2	2	9	2	2	4	7	4	9	4	1	8	6	7	8
2	4	3	9	5	6	7	8	5	8	3	2	7	5	6	1
5	9	4	3	4	2	6	1	7	3	4	9	2	6	9	1
3	2	5	8	1	3	2	5	3	8	3	5	3	1	2	7

思维点拨

只要满足条件，许多数字是可以被重复使用的。

073 填数游戏

时间限制：2分钟
是否完成：是（ ）否（ ）

在右图中，任何横行和竖行都存在一个相同的规律，你可以找到其中的规律并求出A、B、C的值吗？

12	21	A
B	13	19
20	16	C

思维点拨

任何横行和竖行都存在一个相同的规律，首先要从中间竖行开始寻找。

074 数字游戏

时间限制：8分钟
是否完成：是（ ） 否（ ）

老师今天给杰克布置的家庭作业是一道数学题，题目的内容是这样的：请在下图的（ ）中分别填入1、2、3、4、5、6六个数字，使之成为三道等式。他稍一思考就做出来了。你知道这道题要如何完成吗？

思维点拨

要根据答案中十位或百位上的数来推断等式前面相乘之数的十位上的数字。

075 半边圆的规律

时间限制：2分钟
是否完成：是（ ） 否（ ）

你能找到规律，将图中的问号填上数字吗？

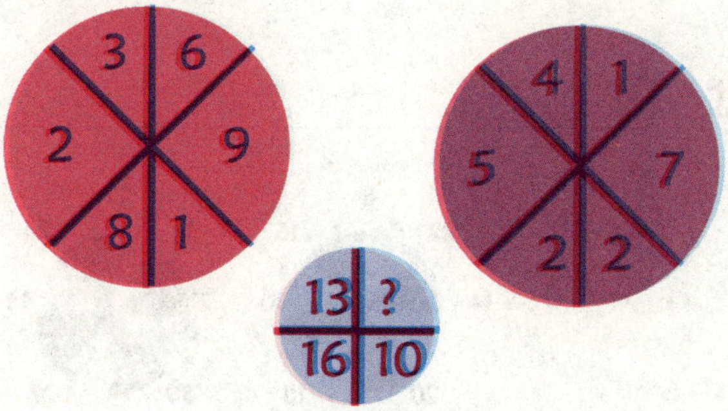

思维点拨

将两个大圆按垂直的方向分成两半，再从两个半边圆中的3个数字中找到与中间的小圆相关的运算规律。

076 缺失的数字

时间限制：2分钟
是否完成：是（ ） 否（ ）

格子中的数字从右上角逆时针按照9、4、8、3、7、2的顺序排列。你能根据规律将缺失部分的数字补充完整吗？

		2	7	3	8	4	9		2	7	3	8	4	9
9	9								2	7	3	8	4	9
4	4	3	8	4	9									
8	8	7				2	7	3	8	4	9			
3	3	2		4	9									
7	7			8	7	3	8	4	9				2	
2	2			3	2								7	
				7										
				2										2
													4	7
9														3
4														
8						4	8	3	7	2				4
3						4	8	3	7	2				9
7		9	4	8	3	7	2							
2					9	4	8	3	7	2				

思维点拨

要注意数字旋转排列的方向以及中间间隔空格的规律。

077 数字圆盘

时间限制：2分钟
是否完成：是（ ） 否（ ）

根据规律找出最后一个数字盘中问号部分应当填入的数字。

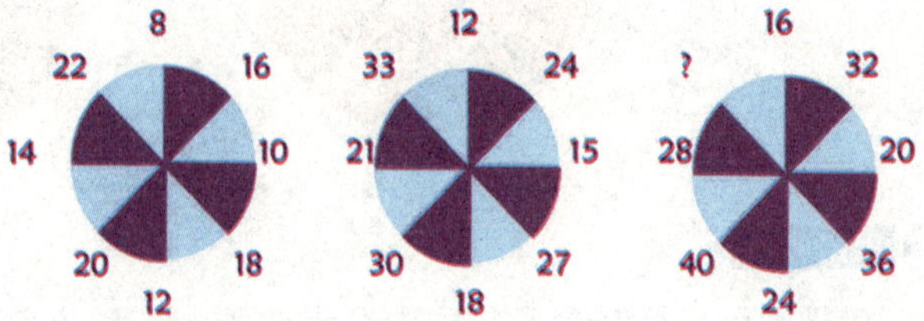

思维点拨

将圆盘上的数字以间隔的方式环绕两圈，就能找到其中的规律。

078 填图形

时间限制：1分钟
是否完成：是（ ） 否（ ）

观察下边4个三角形，找出规律，指出最后一个三角形中应当放入一个什么样的几何图形。

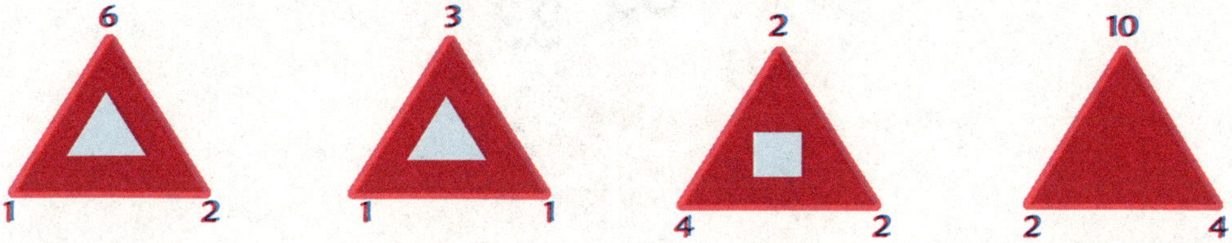

思维点拨

从三角形顶点上的数字找规律。

079 填补空缺

时间限制：3分钟
是否完成：是（ ） 否（ ）

格子中的数字是按照一定的规律排列的。当发现其中的规律时，你就能够将空白部分正确地补充完整了。

2	2	3	1	1	7	1	4	5	5	2	2	3	1	1	7
5	3	1	1	7	1	4	5	5	2	2	3	1	1	7	1
5	2	3	1	1	7	1	4	5	5	2	2	3	1	1	4
4	2	2	2	2	3	1	1	7	1	4	5	5	2	7	5
1	5	2	5	1	4	5	5	2	2	3	1	1	2	1	5
7	5	5	5	7	2	2	3	1	1	7	1	7	3	4	2
1	4	5	4	1	5	3	1	1	7	1	4	1	1	5	2
1	1	4	1	1	5	2	3	1	1	4	5	4	1	5	3
3	7	1	7	3	4	2	2	2	7	5	5	5	7	2	1
2	1	7	1	2	1	5	5	4	1	5	2	5	1	2	1
2	1	1	1	2	7	1	1	3	2	2	2	2	4	3	7
5	3	1	3	5	5	4	1	7	1	1	3	2	5	1	1
5	2	3	2	2	5	5	4	1	7	1	1	3	5	1	4
			2	5	5	4	1	7	1	1	3	2	2	7	5
			4	1	7	1	1	3	2	2	5	5	4	1	5
			3	2	2	5	5	4	1	7	1	1	3	2	2

思维点拨

可以提示一点，数字的规律是由7开头的。

080 找规律填数

时间限制：2分钟
是否完成：是（ ） 否（ ）

根据规律推断问号部分应当填入什么数字。

思维点拨

从64这个数字开始找规律。

081 在圆内填数

时间限制：2分钟
是否完成：是（ ） 否（ ）

把1～9这些数字分别填进下图的圆心和每一条半径顶端的小圆里，使得每条直线上的三个数字的总和都是15。

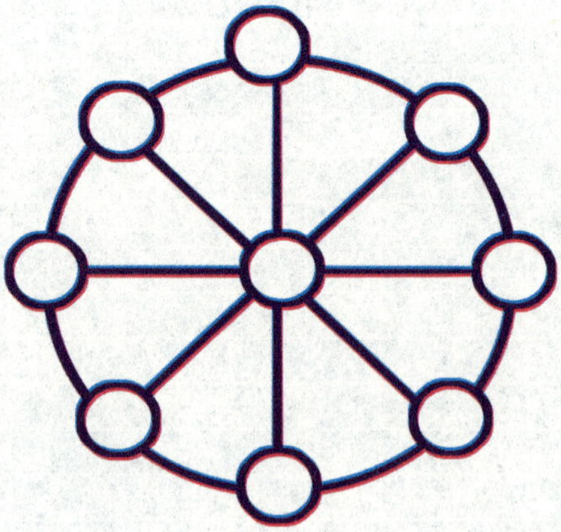

思维点拨

先找出圆心位置应填入的数。

082 总和为30

时间限制：1分钟
是否完成：是（ ）否（ ）

把从1～19的数填进圆内，要求是：在一条直线上的三个圆内的数的总和为30。

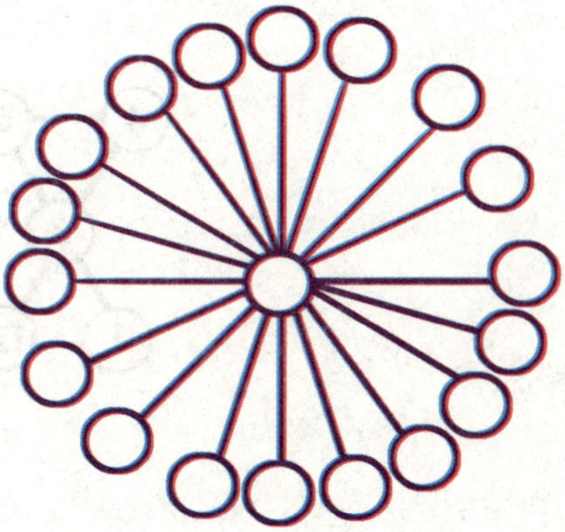

思维点拨

先找出1～19的中心数填入中心位置的圆内。

083 三角形数字阵

时间限制：1分钟
是否完成：是（ ）否（ ）

在下面这个小圆圈组成的三角形中，请填进数字1～9，使每边相加之和都是20。

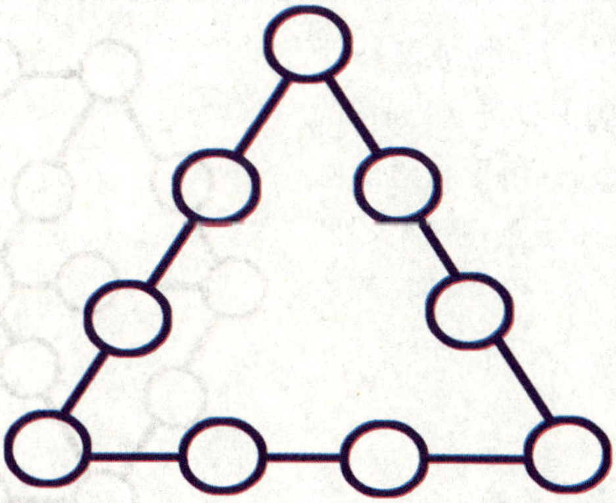

思维点拨

有两种方法可以完成题目的要求。

084 六角星数字阵

时间限制：2分钟
是否完成：是（ ） 否（ ）

在右图这个六角星中共有6条直线，每条直线上的数字相加都是26。

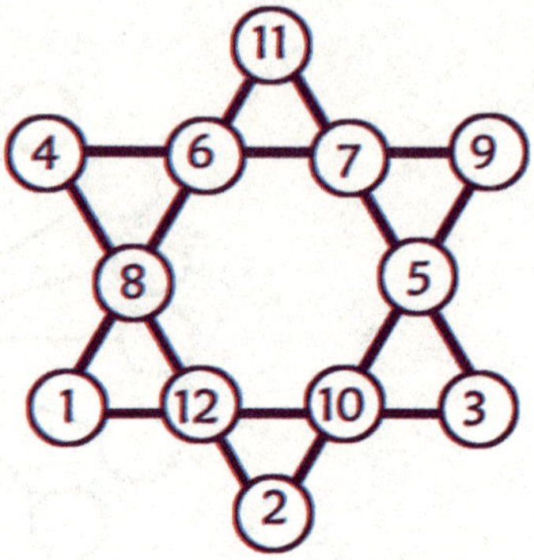

4+6+7+9=26

11+6+8+1=26

11+7+5+3=26

4+8+12+2=26

9+5+10+2=26

1+12+10+3=26

但其尖端的6个数字相加是：

4+11+9+3+2+1=30

你能不能把六角星的数字换一下位置，使每条直线上的数字的和是26，而六个尖端的数字的和也是26？

思维点拨

尖端需要更换的是9和11这两个数字。

085 六边形数字阵

时间限制：2分钟
是否完成：是（ ） 否（ ）

在下列六边形图上，对称地放着19个小圆。①请你在每个小圆中放进从1到19的整数中的一个，使得构成三角形一边的圆中数字的总和为22。②你还能在每个小圆中放进从1到19的整数中的一个，使得构成三角形一边的圆中数字的总和为23吗？

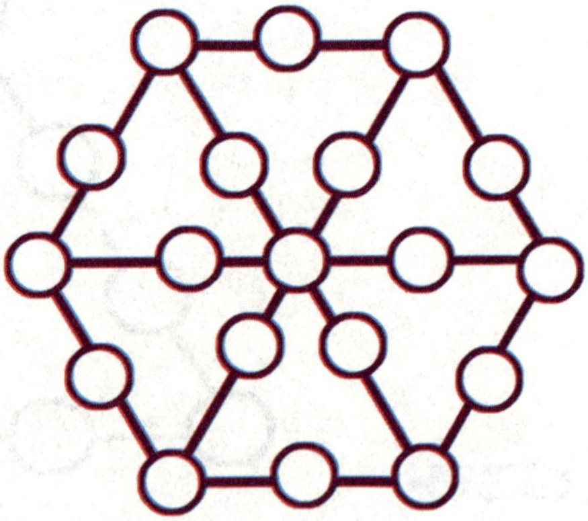

思维点拨

这道题的第一问放置方法应以2这个数字作为六边形的中心数，第二问应以6这个数字作为六边形的中心数。

086 商店的砝码

时间限制：3分钟
是否完成：是（ ）否（ ）

某商店的货物均以（整数）千克计，而且顾客称取的货物从不超过50千克。请问：商店最少需要一组多重的砝码才能为顾客自由称取货物？

思维点拨

这一组砝码中的任意一个、两个或多个砝码的重量应可以自由组合出从1－49的重量。

答案

第1章　86道最经典的基础数学游戏

1. 12个女孩。这个难题我们要用消除法来解决。跷跷板左端有5个男孩和3个女孩，而右端有3个男孩和6个女孩。我们将两端各减去3个男孩和3个女孩，使左端剩下2个男孩，右端3个女孩。我们会发现，2个小男孩的重量正好等于3个女孩的重量。以此类推，一端8个男孩，另一端则需要12个女孩才可保持平衡。
2. 因为1个方块的重量等于1颗珠子的重量，故从图2中就可以看出，要使图3达到平衡，应在图3的右边放上9颗珠子。
3. 设小商贩上山所用的时间为a，那么根据题意可列方程$1.5a=4.5\times(6-a)$，解得$a=4.5$，故山脚到山顶的距离为6.75千米。
4. 1/4块砖头的重量是3/4千克，故1块砖头的重量是3千克。
5. 仔细看看，我们发现，上面的天平比下面的天平多一只大猫，少一只小猫，重量相差2千克，即小猫和大猫的重量相差2千克。我们再把上面天平中的所有大猫换成小猫，上面的天平上就有了7只小猫，重量就比之前的18.5千克减少了8千克，那么，天平的右边也因此需要减少8千克，这样就得出了7只小猫的重量是18.5−8=10.5（千克）。小猫重1.5千克，大猫重3.5千克。
6. 根据欧几里得的“圆内的两条弦相交，被交点内分成的两条线段长的积相等”这一定理，我们画出右面的图形，弦ED被分割成21厘米的两段，弦AF与ED相交，被分成水面上和水面以下两条线段，这样我们可以根据欧几里得的定理计算出水面下的一段长度为44.1厘米，那么圆的直径为54.1厘米，半径为27.05厘米，最后可以得出池子的深度为27.05−10=17.05（厘米）。

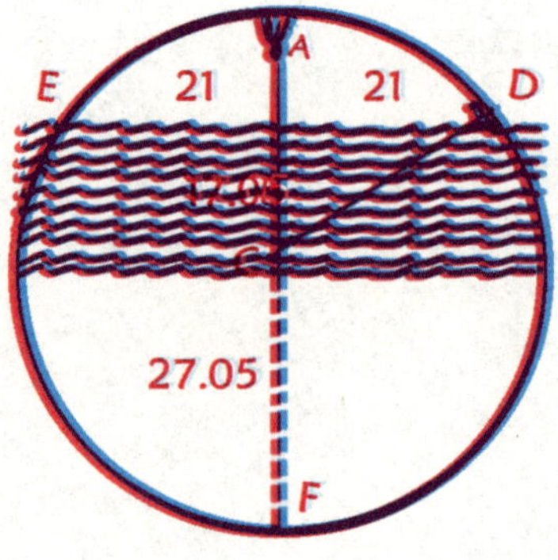

7. 计算原理是：“在天平的两边分别称重，将两边称得的结果相乘，结果的平方根就是物体的真实重量。”在长臂上，1个金字塔等于8/3方块的重量；在短臂上，1个金字塔等于1/6个方块的重量。将8/3与1/6相乘，结果为4/9，平方根为2/3，表示1个金字塔的重量和2/3个方块的重量相等。假设1个金字塔的重量为1克，那么1个方块的重量就为1.5克。现在可以得出答案了，8个方块的真实重量为12克。

8. 数学家和数学趣题爱好者在解答这道题目时会遇到两个陷阱。可以很简单地得到证明，扶手的长度代表了直角三角形的毕达哥拉斯斜边。拿出一张三角形纸片，把它围在一支铅笔周围，BC为直角边，AC为斜边。在灯塔题目中，梯子长为100米，圆柱的直径为7.85米，直径乘以3.1416，可以得出旋楼梯底部周长约为25米。围绕4圈，也得到梯子长度为100米。栏杆和三角形的斜边相等是第一陷阱，因为一些计算者忘记了底部和斜边的小柱子数目相等。

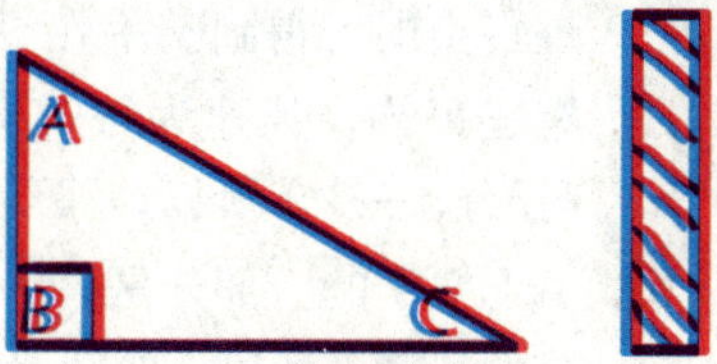

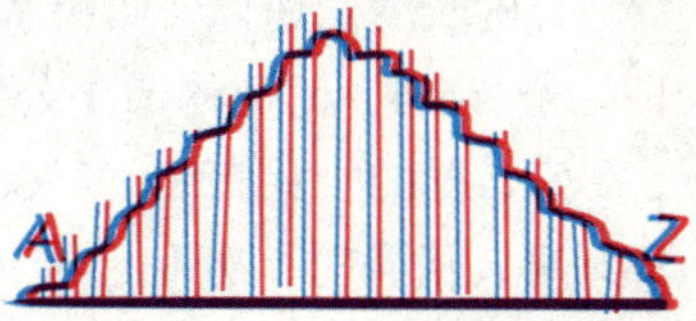

如果你从A直接到Z点，经过底边或是斜边都是35根间隔0.333米的小柱子。因此，到塔顶有300+1根小柱子，这就是第二个陷阱，很多人会忽略这一点。所以，答案为301根小柱子。

9. 时针与分针的转动比例为1：12（5：60），故当下一次重合时，假如时针走x格，分针则走$60+x$，因此时针与分针每隔65分钟重合一次，下次重合时间是1点5分。

10. 解答这道题目只需要明白同样高度的圆柱体和球体的体积之比为3：2。依此，图中直径为24厘米的A球的体积为B圆柱体的2/3。也就是说，如果B的高度降到2/3，构成1个16厘米的小圆柱体，那么小圆柱体和球的体积相等。我们可以通过计算高度为16厘米的圆柱体中线的长度代替题目要求计算的长度。由于24厘米是1根线的直径的2400倍，所以小圆柱体内包含了24×2400=57600条线。每条的长度为16厘米，那么长度就为92.16万厘米。

11. 根据圆台的容积公式：$V=\dfrac{\pi h(R^2+Rr+r^2)}{3}$，即可求得桶口的直径为35.8096厘米。

12. 弹力球第一次掷下的高度是54.56米。第一次着地弹起5.456米，再落下5.456米；第二次着地再弹起0.5456米，再落下0.5456米；第三次弹起0.05456米，再落下0.05456米；第四次弹起0.005456米，再落下0.005456米……此后弹起的高度已经可以忽略不计了，故弹力球所经过的距离约为66.68厘米。

13. 可以算出直径为22厘米的石磨的大致面积，再减去中间小孔的面积，就可以算出石磨面积的一半是多少。这个面积也就是年长的那个人将石磨交给另外一个人时的面积。这时的直径是$15\frac{5}{17}$厘米。

14. 设骑手骑车的速度为V_1千米/分钟，风的速度为V_2千米/分钟。因为骑手逆风骑车的速度为骑手骑车的速度减去风的速度，骑手顺风骑车的速度为骑手骑车的速度与风速之和，故有：$V_1+V_2=\frac{1}{3}$；$V_1-V_2=\frac{1}{4}$。解得$V_1=\frac{7}{24}$，$V_2=\frac{1}{24}$。通过转换即可得到骑手在没有风时的速度是每分钟0.29千米。

15. 据题可知，风速为每千米耗时4分48秒。无风时，热气球的速度是每千米耗时3分$25\frac{5}{7}$秒。所以，飞行10千米需要34分钟$17\frac{1}{7}$秒。

16. 由于绳子的一部分是另一部分的5/7，总长度36米的5/12和7/12就分别是两部分的长度。所以，哈更太太的绳子长度为21米，奥尼尔太太的绳子长15米。

17. 先求出4、6、8的最小公倍数是24，所以他的士兵的个数是$N\times 24+1$。根据题意，他的士兵有500多人，N的最大取值是24，所以士兵的人数最多是577人。

18. 两人相遇时，劳利已经走了72千米，而达斯提走了54千米。所以，从A镇到B镇的距离是126千米。

19. 设乘电车时间为x，依题，$9x=3(8-x)$，得$x=2$。故他们最多乘坐2个小时的电车。

20. 这幅图说明了“与同一数字相等的两个数字相等”这一代数原理。我们将水壶的重量设为x，那么，盘子的重量即为$\frac{2}{3}x$。现在在天平二的两边各加上1个杯子，使天平二与天平一的左边一样，那么2个杯子加上1个盘子就等于1个水壶。从而得知，1个杯子等于1个水壶的1/6，即为$\frac{1}{6}x$。我们还知道1个杯子加上1个瓶子等于1个水壶，所以1个瓶子等于1个水壶的5/6，即为$\frac{5}{6}x$，而杯子的重量是$\frac{1}{6}x$，所以，瓶子的重量是杯子的5倍。这就得出了答案，5个杯子的重量和1个瓶子的重量相等。

21. 先求出5、9、13、17之间的最小公倍数，因为这些数都是两两互质的数，所以他们的最小公倍数就是它们的乘积9945。又因为兵不满一万，只要在最小公倍数上加3就能求出兵的总数，所以大将军统领的兵的总数为9948人。

22. 小人国的导弹一分钟行驶的速度为36000÷60＝600（千米），奶油国的导弹一分钟的速度为24000÷60＝400（千米），所以，他们在碰撞的前一分钟相距1000千米。

23. +29、×7、−94、×4、−435。$(29\times 7-94)\times 4-435=1$

24. 0时45分25秒启动。由于快表每小时比慢表快3分钟，所以需要20个小时才能快出1个小时。由于该表每小时快1分钟，所以现在的确切时间是20时45分25秒，往前推20个小时，即可得出两表在午夜0时45分25秒时启动。

25. C。第三天是原来的1/2×2/3=1/3，第四天是原来的1/3×3/4=1/4。以此归纳类推，则可得第n天时还剩$1/n$瓶。

26. 4美分1颗的奶糖买了3颗，花了12美分。他们花了7.5美分，买了15颗巧克力。用0.5美分买了2颗口香糖。共花了20美分，买了20颗糖。

27. –，–，×。

28. 比例尺是1∶1000000，这就是说地图上1厘米就相当于地面上实际的10千米，地图上1平方厘米就相当于地面上实际面积10×10=100（平方千米）。由于这张地图的面积是1米×0.6米=0.6平方米=6000平方厘米，相当于地面上的实际面积100×6000=600000（平方千米）。将地图黏合在一张平整的木板上（四边完全贴合），称出木板的质量，设为a克；再沿地图S地的边界锯下，设其质量为g克。由S的面积/整个地图的面积$\approx g/a$，则地图上S这个地方的实际面积大约是600000×（g/a）（平方千米）。

29. 球的内部可以看成是很多个小的棱锥合在一起，顶点都在球心，底面在球的球面上。我们知道，棱锥的体积等于底面积乘以高的1/3。因此，球的体积等于球的表面积乘以半径的1/3。如果面积和体积的数字相等，那么球的半径就为3英寸，约合7.62厘米。球的直径为6英寸，约合15.24厘米。

30. 选取OA所在的左边圆心（或右边圆心）标为B，连接OB和AB，再连接OA即得到一个等腰三角形。因为正五边形内角和是540°，那么每个内角即为108°，故OB与AB所夹的角也为108°。根据余弦定理：$OA^2=OB^2+AB^2-OB\times AB\times \cos 108$，解得$OA=\sqrt{\frac{13}{8}}r$。

31. 左边：4÷2×8；右边：4×2×2。

32. 左边：10+7+3；右边：30+2–12。

33. 5×4÷2+7=17

34. (4×7÷2+8+9)×6÷3=62

35. D。公式为：左+（中×右）=上+（中×下）。但是在D项中，答案分别为26和25，并不相等。

36. (1) 从图中容易看出：

$4^2=1+3+5+7$ （4项）

$5^2=1+3+5+7+9$ （5项）

利用等差级数前n项求和公式$S_n=[(a_1+a_n)n]/2$，证明$n^2=1+3+5+\cdots+(2n-3)+(2n-1)$（$n$项），于是得：

①的答案是6（项数）的平方即36；

②的答案是13（项数）的平方即169。

(2) $1^3+2^3+3^3+4^3+5^3+6^3+7^3+8^3+9^3+10^3=(1+2+3+4+5+6+7+8+9+10)^2=55^2=3025$

还可以用数学归纳法证明：

$1^3+2^3+3^3+\cdots(n-1)^3+n^3=[1+2+3+\cdots+(n-1)+n]^2$

37. [(9–3)×4+19–8]÷5+4=11

38. 把圆规立于该球上的任何一点，以适当的半径在该球上画一圆。在该圆上随意标三个点（如图1所示）。以与A、B、C保持同样距离的办法，在纸上作以A、B、C为顶点的三角形（如图2）。

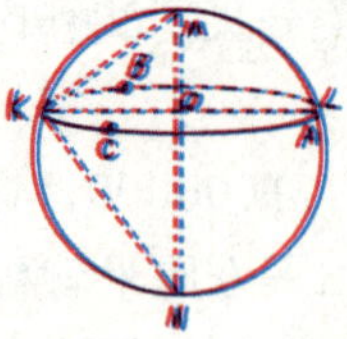

图1

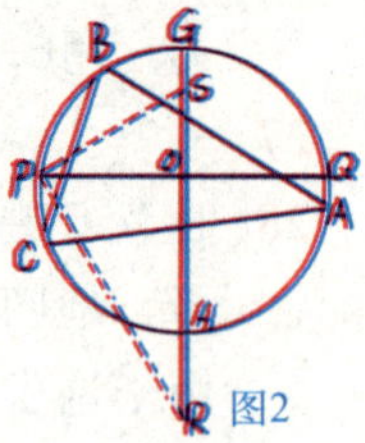

图2

过此三角形的顶点画圆，并且画两条互相垂直的直径PQ和GH。此圆与球上画的圆相等。所以，PQ=KL。

让此圆上的P点与球的曲面上的K点对应。把圆规张开到KM的距离，把圆规立于P点，从而为GH上的S点定位，使得PS=KM。作PR垂直于PS，R在GH的延长线上，则线段SR必定等于该球的直径（易于证明：球上的三角形KMN与纸上的三角形SPR全等）。

39. 根据规则，次数等于（$2^{13}-1$）次，即8191次。

40. 这个数是156。

41. 要找出面积相等而边长为整数且不等的两个直角三角形并不困难。设直角三角形的两直角边分别为a、b，斜边为c，根据三角形的面积公式$S=ab/2$，勾股定理：$a^2+b^2=c^2$，以及海伦公式$S=\sqrt{p(p-a)(p-b)(p-c)}$ $[p=(a+b+c)/2]$，可解得面积为3360平方厘米的直角三角形的边长有两种情况，一种是边长分别为140、48、148厘米的直角三角形，另一种是边长分别为80、84、116厘米的直角三角形。

42. 任何数。这个奇妙的组合算出来的数遮住后面的“00”，得到的永远都是最初的数。

43. 四个金属环的重量分别是0.25千克、0.75千克、2.25千克和6.75千克。适当使用四个金属环，包括在秤杆的另一头使用，可以称量出0.25千克～10千克之间精度为0.25千克的任何重量。

44. 151，55。纵向相加结果为999。

45. 带状土地的宽度大约是191米。求矩形的两边之和，再减去其对角线之长，然后把差数再除以4。

46. 7。将每个三角形角上的数字加起来，乘以2，将最终结果放入三角形中间。

47. 1/11。假设现在有12毫升的冰，这冰融化后变成水，体积减小1/12，也就是只剩下11毫升的水。当这11毫升的水再结成冰时，则又会变成12毫升的冰，而对于水而言，正好增加了1/11。

48. $(13+3)\times 6\div 4=24$

49. D中的数字是21。将每个三角形各个角上的数字相加，得出的和放入下一个三角形中间，这样便是将三角形D三个角上的数字之和放入三角形A中。因而三角形C三个角上的数字和就是三角形D中间的数。

50. 根据题意，将一张纸撕成两半再折叠起来，这样重复25次后，这叠纸的厚度将达到$2^{25}\times 0.1=3355443.2$毫米$=3355.4432$米。

51. 3581，7162

52. 根据该题目的游戏规则，不论你找出哪组数字，它们的总和都是3的倍数，这样的话，它们的组合数字也都能被3除尽。

53. 一共有14641只蜜蜂。

第一次搬兵：$1+10=11$（只）

第二次搬兵：$11+11\times 10=11\times 11=121$（只）

第三次搬兵：$11\times 11+11\times 11\times 10=11\times 11\times 11=1331$(只)

一共搬了四次兵，于是蜜蜂总数为$11\times 11\times 11\times 11=14641$（只）

54. 4。将每一个格外圈的两个数字相乘，乘积放入内圈顺时针隔开一格的位置。

55. 只在原方阵中各格数字后再添加1/3即可。

56. 这四个自然数分别是7、1、2、4。

57. F。奇数的个位和十位数字交换位置，其他不变。

58. C。其他3个三角形中间的数字为顶点上各数平方数的和。

59. 22。10是由左上角的4加正上方的6得到的，15是由左上角的6加正上方的9得到的，所以问号处应是左上角的9加上正上方的13，得22。

60. 如图所示

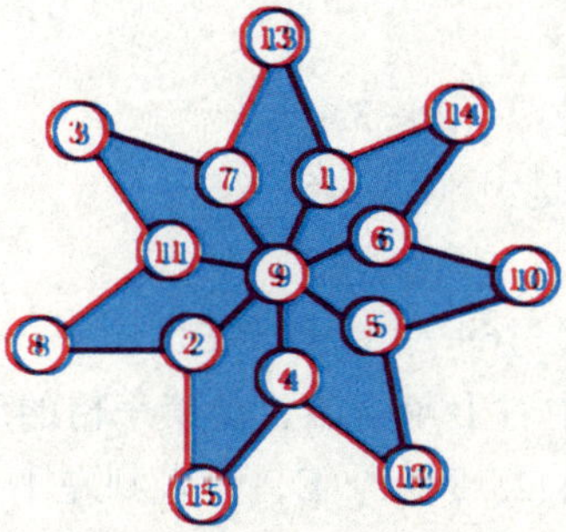

61. 如图所示

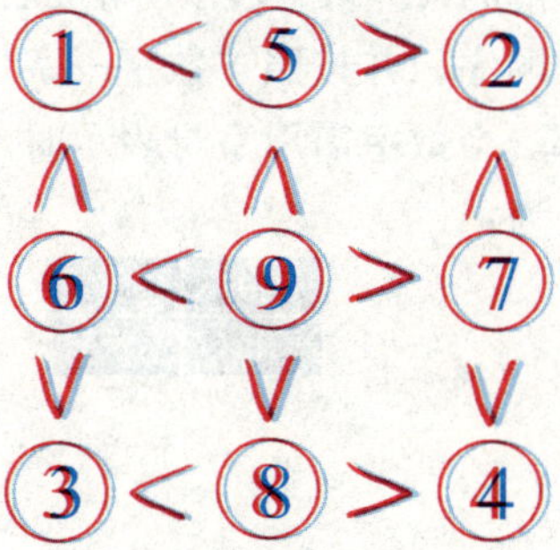

62. 删掉从左上角到右下角对角线上的数字。

63. 4。把每个正方形中对应位置的数字相加。左边数字的和等于20，上面的和等于22，右边数字的和等于24，下面数字的和等于26。

64. 48。将方框分成4个部分，每个部分的上面两个数相乘的积放入右下方的格子中，然后用右下方的数字减去右上方数字，将差放入左下方的格子中。

65. 6。在每一个正方形中，将左上角和左下角的数字相乘得到第一个积，然后将右上角和右下角的数字相乘得到第二个积，第一个积减去第二个积得到的差放入中间位置。

66. 384。从右上角开始，按照“N”字形行进，交替乘以4和除以2。3乘以4等于右栏第二个数12，12除以2等于第三个数6，$6\times4=24$……

67. 7。将每个正方形外侧的3个数相加，得到和A。将A个位和十位上的数字相加，得到B。A除以B得到的商放入中心的小正方形中。

68. 56。将左上方正方形中的数字乘以2/3，再乘以右上方正方形中的数字的2倍，得到的积填入底部的长方形中。

69. A.66。前两个数字相加的结果就是第三个数字。

B.154。计算的规则是：$(n+3)\times2$。

C.9和20。该行奇数位置两组数字排列的规律为：奇数位置满足加3、加4、加5，依此类推，如2+3=5，5+4=9；偶数位置是每次都加2，如3+2=5，5+2=7。

D.51。计算的规则是：$(2n-3)$。

E.−49。计算的规则是：$(2n-15)$。

以上n=1、2、3……

70. 所画的一条折线要经过6+7+5+9+4=31。

71. 该题的规律是从题中右上角开始，由第一格的5到斜二格的F、4，斜三格的G、3、H，斜四格的2、I、1、E，一直到左下角的斜四格6、D、7、C，斜三格8、B、9，斜二格的A、5，及左下角最后一格的F止，按照5、6、4、7、3、8、2、9、1的顺序，并按照“数字—字母—数字—字母”这样的规律循环进行，当排到哪一个数字需用字母表示时，则用该数字所对应的那一位字母表示。故空缺处为：

D	3
F	7

72. 一共有43对。如图。

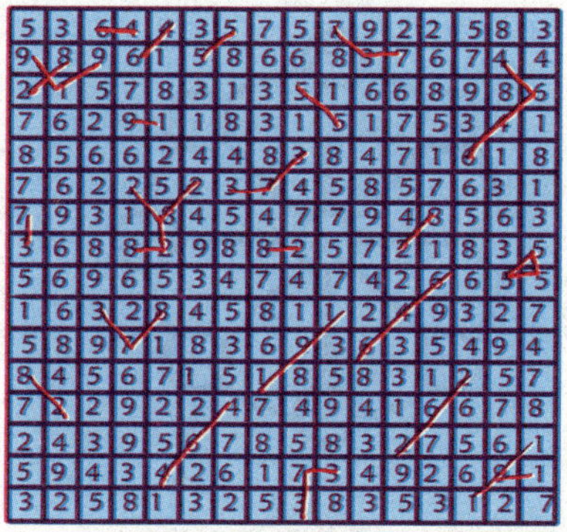

73．A=17，B=18，C=14。任何横行或竖行的数字总和等于50。

74．21×(5) 8=(1)218；81×(2)3=18(6)3；79×(4)3=3(3)97

75．11。把左右两圆分别垂直分成两半。在左圆中，其左半边圆中的数字相加，和等于中间圆中左上角的数字；右半边圆中的数字相加，和等于中间圆中左下角的数字。右边圆也按照这种规律进行。

76．题中从右上角开始以逆时针的顺序按9、4、8、3、7、2排列，并且每循环一轮中间就递增一个空格，故空缺处应为：

		2
9		7
4	8	3

77．44。从顶端开始，数字按照顺时针方向每隔一个增加一个特定的量，每个圆内数字的特定增加量皆不相同，从左至右分别为2、3、4。

78．一个正方形。如果三角形各顶点上的数字和为偶数，图形即为正方形；如果是奇数，图形即为三角形。

79．排列规律为：7，1，1，3，2，2，5，5，4，1。从右上角开始，逆时针向内旋转行进。补充部分如图所示。

4	2	2
1	5	5
7	1	1

80．1。从64开始，减去1、2、4、8、16、32，每次跳过一个数字，按照顺时针方向行进。

81．如图。

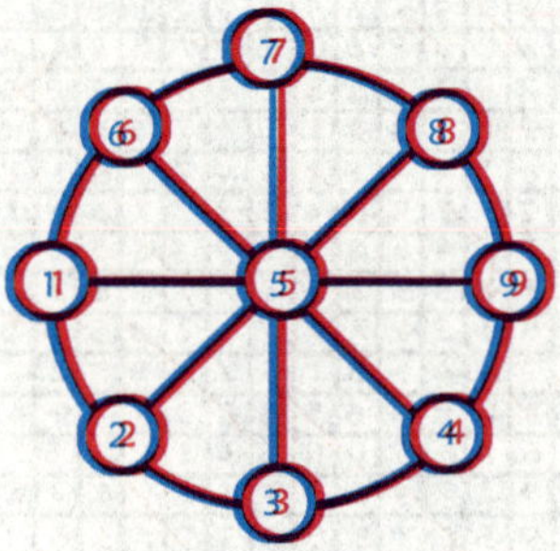

82. 如图。

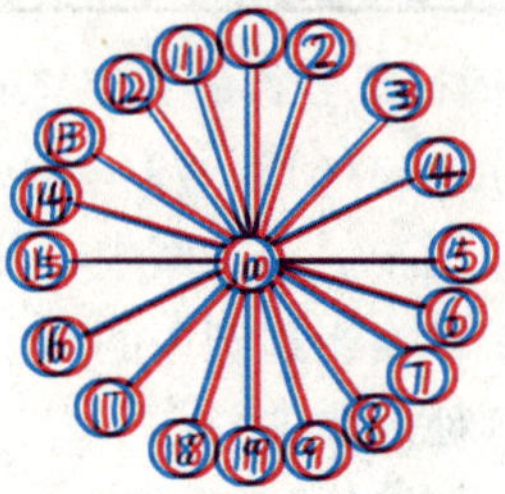

83. 如图。

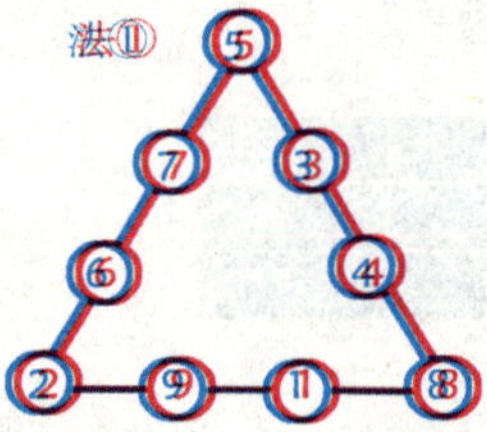

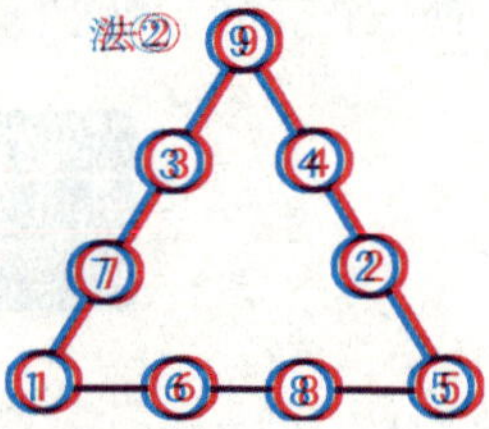

84. 如图。

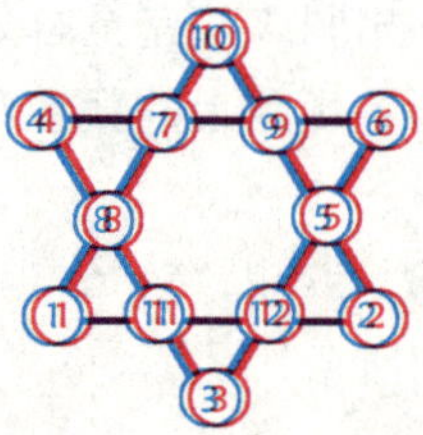

85. 如图。

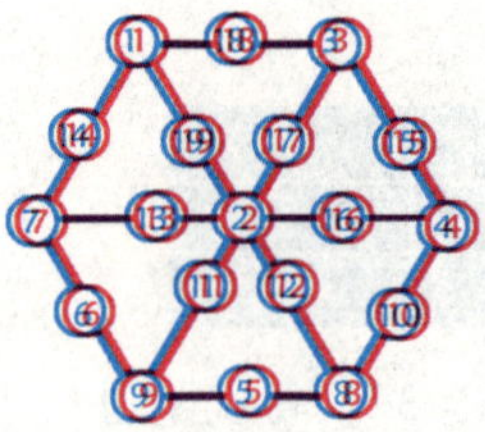

①

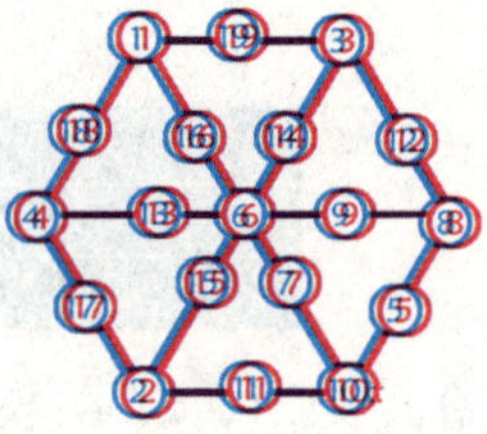

②

86. 需要1千克、2千克、4千克、8千克、16千克和32千克的砝码各一个。

2

35道

最经典的趣味数学游戏

1 2 3 4 5
6 7 8 9 10

001 不能重复的路线

时间限制：2分钟
是否完成：是（ ）否（ ）

图中是宾夕法尼亚州的23个主要城镇，它们通过漂亮的车道相连。现在从费城开始夏季旅行，最终到达伊利，必须途经每一个城镇，且不能重复路过任何一条道路，请找出这条路线。

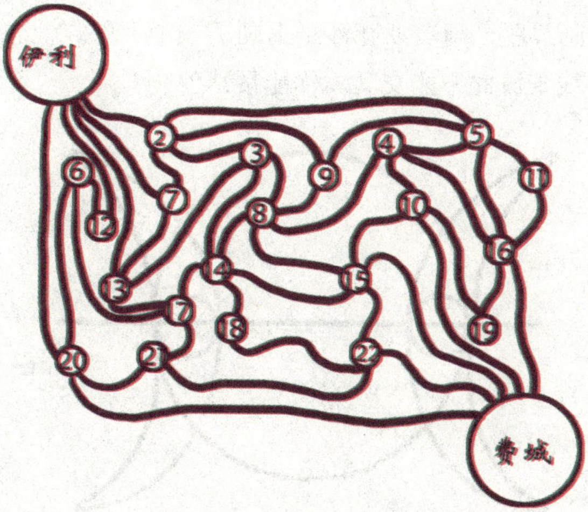

思维点拨

可以通过城镇的编号来标明所选择的路线。为了到达目的地，有时你必须走弯路。所以，路线的长短是不必考虑的问题。

002 军舰航线图

时间限制：3分钟
是否完成：是（ ）否（ ）

右图是参加美国与西班牙战争的舰队司令在制订舰队进攻计划，他将根据计划追击敌军的小型炮艇编队并将它们摧毁。

以大型军舰所在的点为出发点，画出一条连续的航线，使军舰能沿着这条航线打击到所有63只敌军炮艇并最终返回起点，要求所用直线数目最小。

思维点拨

可以给出的提示是要从起点往前直行至最右边，然后往下行至倒数第二只炮艇处往左折向内围第二圈的炮艇。

003 一道画线题

时间限制：3分钟
是否完成：是（ ）否（ ）

为了解决一个画线题，阿莫斯在沙子上画了一个上午。他想要一笔画出下图的图案，每一部分的线条彼此不能交叉。你能帮帮他吗？

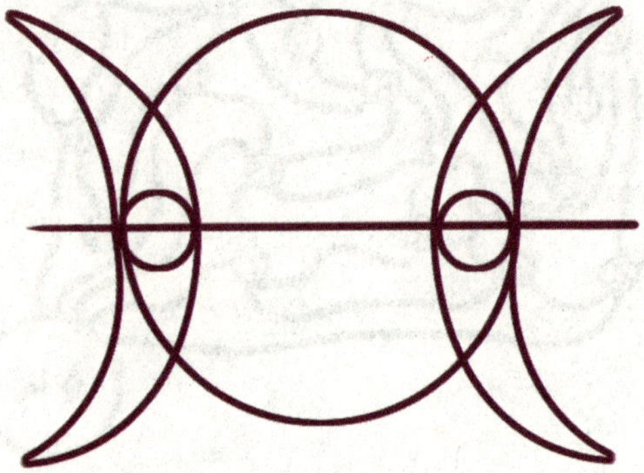

思维点拨

从中间横线的一头开始，最后以横线的另一头结束，当然这根横线是经过好几次联结而成的。

004 不重复的路

时间限制：2分钟
是否完成：是（ ）否（ ）

A和B是河中的两个岛，它们彼此之间，以及它们与岸之间有6座桥连接。如图，X表示水面，Y表示陆地。你能进行满足如下要求的徒步旅行吗?要求是：从任何一点开始，结束于同一点或其他某点，但必须每座桥都经过并只过一次。

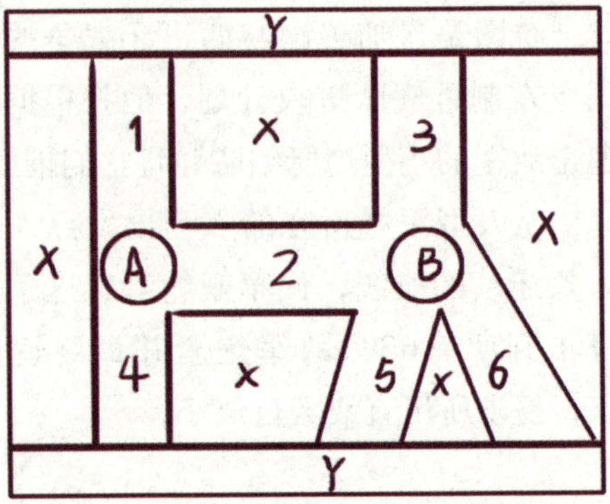

思维点拨

找支铅笔试一试就知道了。

005 雏菊游戏

时间限制：3分钟
是否完成：是（ ）否（ ）

在瑞士阿尔卑斯山区，流行着一种通过摘花瓣来预卜女孩子未来婚姻状况的游戏：两个人轮流随意摘取一片花瓣或者两片相邻的花瓣，这样直到摘完，摘到最后那一片的人就是胜者，把光秃秃的花枝留给对方。

现在也请你来玩玩这个游戏。如图所示，图中有一朵13片花瓣的雏菊，两人轮流摘花瓣，一人一次摘一片花瓣或相邻的两片花瓣。摘到最后一个花瓣的人就是赢家，而另一方只得承认失败。你知道谁一定能获胜吗？是先摘的人还是后摘的人呢？要怎么做才能获胜呢？

思维点拨

这个游戏的技巧在于怎样做才能将余下的花瓣分成数量相等的两组。

006 不能交叉的路

时间限制：2分钟
是否完成：是（ ）否（ ）

一个院子中居住着三户人家。大房子的主人要修一条直通院子大门的路（图的正下方）。左边的人家要修一条路通向右边的小门，右边的人家要修一条路通向左边的小门，并且3条路不能相交叉，该怎样修呢？

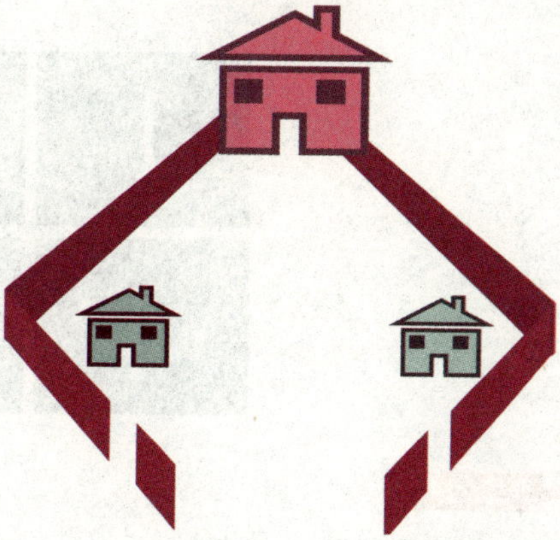

思维点拨

3条路都不能交叉，那么大房子主人要修的路肯定要弯很多。

007 摆放书本

时间限制：5分钟
是否完成：是（ ）否（ ）

有9本用1–9编号的书，如果按图上的方式，把6、7、2、9号书本放在第1、3、4、5、8号书本的上面，刚好可以得到一个分数，分数的值为1/2。同理，通过更改位置，每次都使用所有9本书，还可以得到其他的分数，分数值分别为1/3、1/4、1/5、1/6、1/7、1/8和1/9。你能试试如何摆放这些书本吗？

思维点拨

要得到以上的分数值，摆放这些书本的方法并不是唯一的。

008 掷骰子输赢

时间限制：3分钟
是否完成：是（ ）否（ ）

这是一道关于概率的问题。图中有6个方格，请所有人下注，你想得到多少回报就在相应的号码方格里下注，然后掷出3个骰子。如果最后的结果和你选择的相一致，那么你就可以拿回成本，并得到相应倍数的回报。比如你用1美元押5点，如果结果有两个骰子是5点，那么你拿回1美元本金和2美元回报；如果骰子有3个5点，那么你拿回1美元本金和3美元回报。现在，请你计算一下赢钱或输钱的概率各是多少？

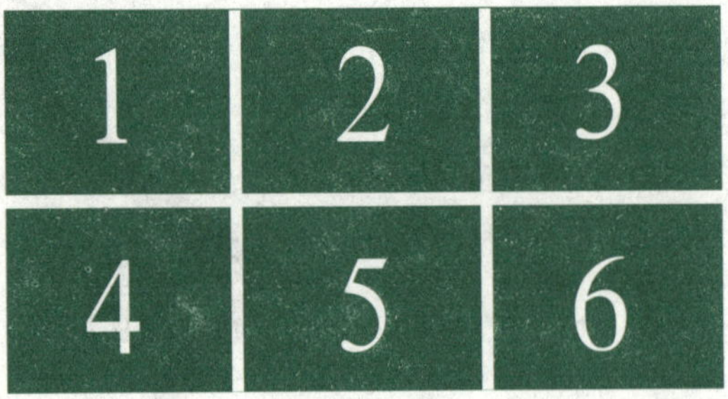

思维点拨

要注意骰子也是有6个面的。

009 管线安装

时间限制：1分钟
是否完成：是（ ）否（ ）

有三座独立的建筑物（如图中上图），都需要安装水、煤气和电（如下图）。怎样安装电线和管道，能使得各种线路彼此不交叉？

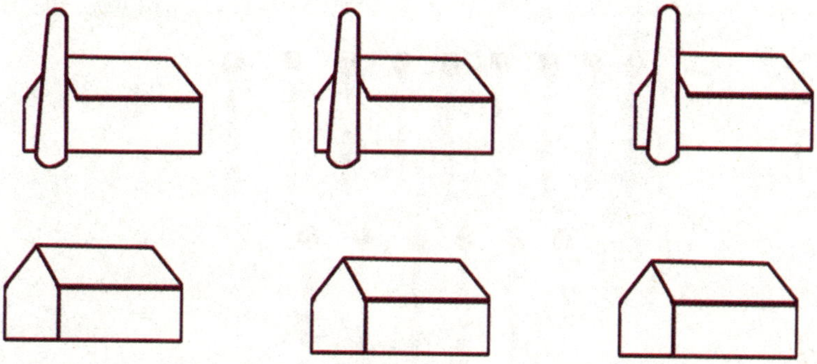

思维点拨

不需要考虑管线的长度。

010 农夫的羊

时间限制：1分钟
是否完成：是（ ）否（ ）

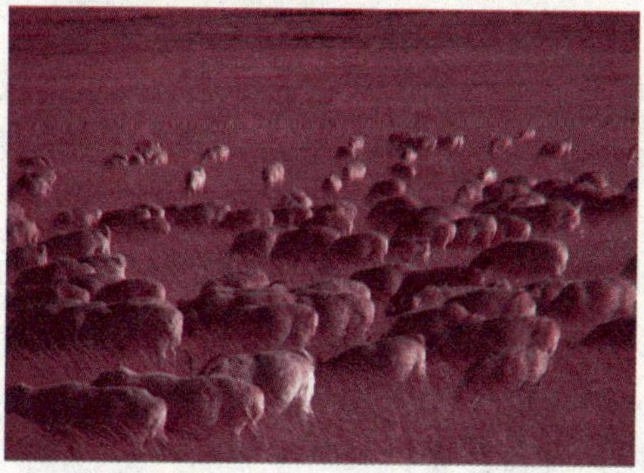

如果农夫拥有的绵羊的数目乘以拥有的山羊的数目，得到的积在镜子里面看正好是山羊和绵羊的数目之和，那么，他的山羊和绵羊的数目各是多少？

思维点拨

“得到的积在镜子里面看正好是山羊和绵羊的数目之和”，说明这个数的积与和是个顺序相反的两位数。

011 火柴棒游戏

时间限制：2分钟
是否完成：是（ ） 否（ ）

哈里给了他妹妹9根火柴，让妹妹把火柴排出一个10。妹妹也给他出了一道难题，叫他把6根火柴排列成一个看上去一无所有的图形。你能不能回答出这道题目？

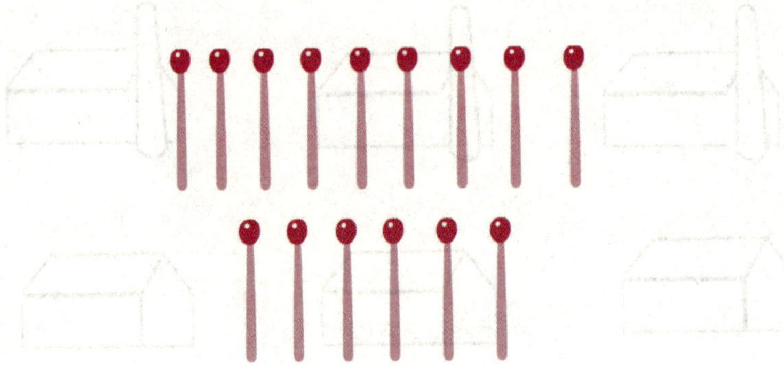

思维点拨

这个“10”不只有阿拉伯数字这一种表示方式。看上去一无所有的图形，也应该是它的形状所表现出来的含义。

012 将军的安排

时间限制：3分钟
是否完成：是（ ） 否（ ）

在古代的一次城市保卫战中，一位将军带领360个将士守护一座城池。这位将军始终出现在城墙上，并使四周敌人都能看到每边城墙上有100个将士守卫。战斗异常激烈，守城将士不断阵亡，兵员逐渐减少至340、320、300、280、260、240、220。但在这位将军的巧妙安排下，每边城墙上的守卫将士始终都能让敌人看到有100名。敌人以为是天神帮助，便惊慌地后撤了。

这位将军是怎样巧妙安排的呢？

思维点拨

在城墙的四个角上多安排些人，因为这个位置上的人从两边都可以看到。

013 施罗德阶梯

时间限制：1分钟
是否完成：是（ ）否（ ）

这个魔术阶梯是有名的施罗德阶梯，如果你将它倒过来看就知道它有什么特别之处。现在，请在每一阶上各放一张深色和浅色的卡片，使每一阶卡片的数字之和为5个连续的数字，即9、10、11、12、13。

思维点拨

要考虑上面的卡片中6和9这两个数倒过来放也是可以的。

014 吃白菜的时间

时间限制：1分钟
是否完成：是（ ）否（ ）

如果3只山羊在6分钟内吃掉3棵大白菜，那么一只半的山羊吃掉一棵半白菜需要多长时间？

思维点拨

如果你还耐心地去计算半只羊吃白菜的事，那就大错特错了。

015 扑克筹码

时间限制：1分钟
是否完成：是（ ）否（ ）

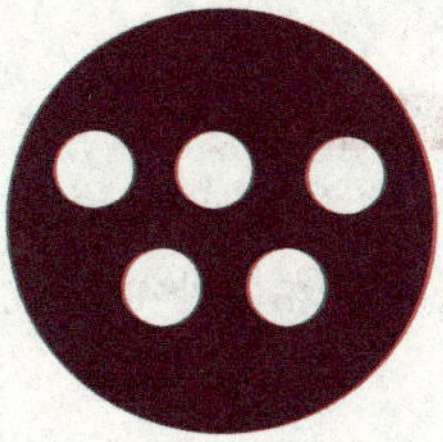

当龚德尔斐表演时，在屏幕上展示了他在全世界搜集来的著名思维游戏题。右图中所放映的正是恶名昭著的、置人于困境的拉斯维加斯扑克筹码。人们为了解答这道难题花费了许多钱。这道题是：如何将5个扑克筹码排成两行？要求其中一行有3个筹码，而另一行要有4个筹码。

思维点拨

可以将筹码重叠起来。

016 换位置

时间限制：3分钟
是否完成：是（ ） 否（ ）

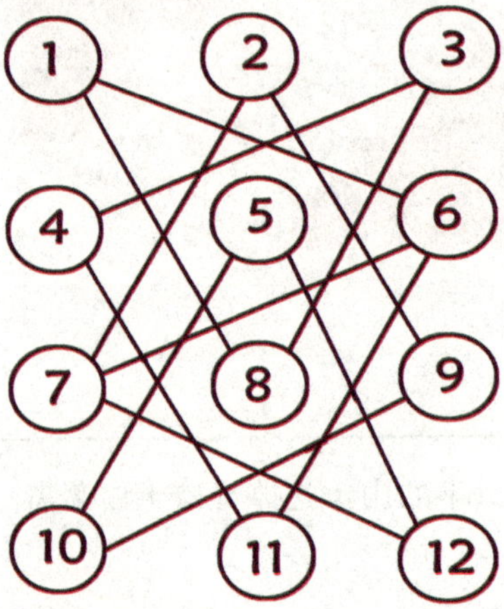

这纯粹是一个换位置的题。将3个白色的棋子分别放在1、2、3号位，把3个黑色棋子分别放在10、11、12号位。你只能通过22步将它们的位置互换。每个颜色的棋子轮流沿着直线从一个圆圈移动到另一个圆圈。任何一个棋子都不可以放在对方棋子下一步可以移到的圆圈内，每一个棋子只能在它所在的圆圈内停留一次。

思维点拨

当移动一个黑色棋子时，下一步就要移动与其相对应的一个白色棋子，如先移10号，下一步就要移1号。

017 分开鸭子

时间限制：2分钟
是否完成：是（ ） 否（ ）

湖里有10只鸭子在欢快戏水，请你用3个同样大小的圆圈把每只鸭子都分开。你知道怎么分吗？试试看吧！

思维点拨

3个圆两两相交可以构成7个区域，再将3只鸭子在圆外分开就可以了。

018 给图框填数

时间限制：1分钟
是否完成：是（ ）否（ ）

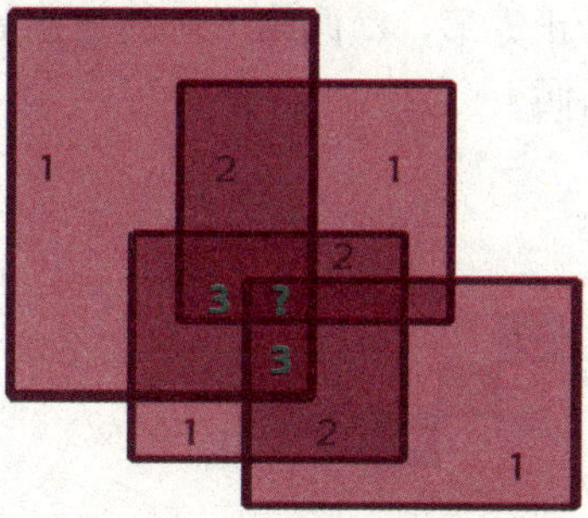

左图框是按照一定的逻辑排列的，你能找出问号部分应该使用的数字吗？

思维点拨

从这些图框摆放的方式上去找规律。

019 数字组图

时间限制：5分钟
是否完成：是（ ）否（ ）

如果按照正确顺序排列，以下瓷片可以组成一个正方形，横向第一排的数字等同于纵向第一列的数字，以此类推。你能成功地组合吗？

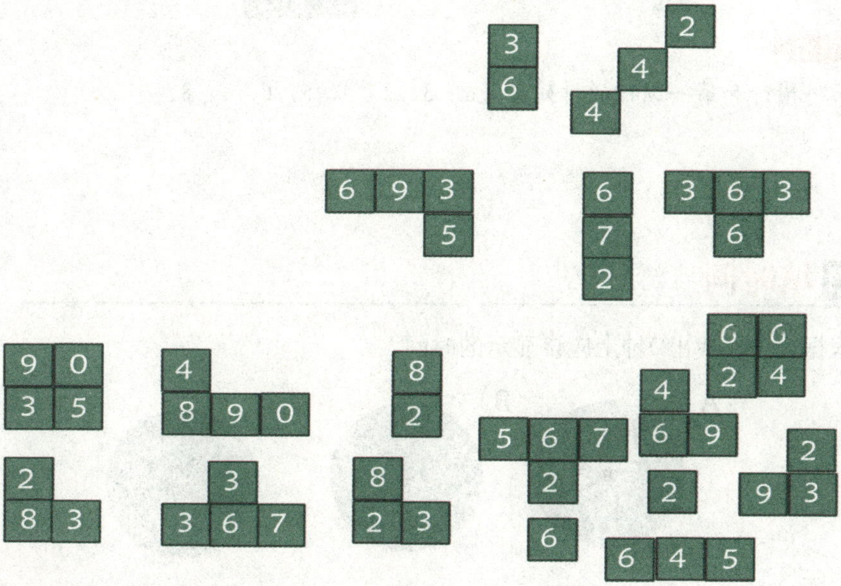

思维点拨

第一横行和第一纵列的数字排列是5、6、7、2、4、6、9、3。

020 纵横相同的数

时间限制：5分钟
是否完成：是（ ）否（ ）

如果按照正确顺序排列，下图瓷砖可以组成一个正方形，横向第一排的数字等同于纵向第一列的数字，以此类推。你能成功地组合吗？

思维点拨

第一横行和第一纵行的排列数是6、3、2、4、5、6、7、8。

021 填时间

时间限制：2分钟
是否完成：是（ ）否（ ）

根据规律，找出D钟上应该显示的时间。

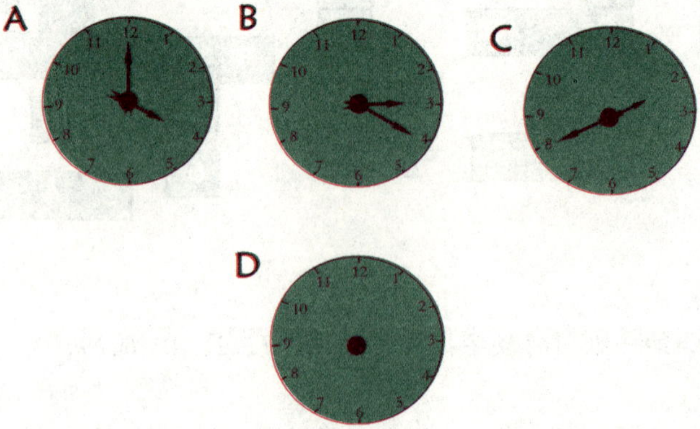

思维点拨

不要从间隔的整体时间去考虑，要将分针与时针的规律分开来看。

022 组正方形

时间限制：5分钟
是否完成：是（ ）否（ ）

如果按照正确顺序排列，下图瓷砖可以组成一个方形，横向第一排的数字等同于纵向第一列的数字，以此类推。你能成功地组合吗？

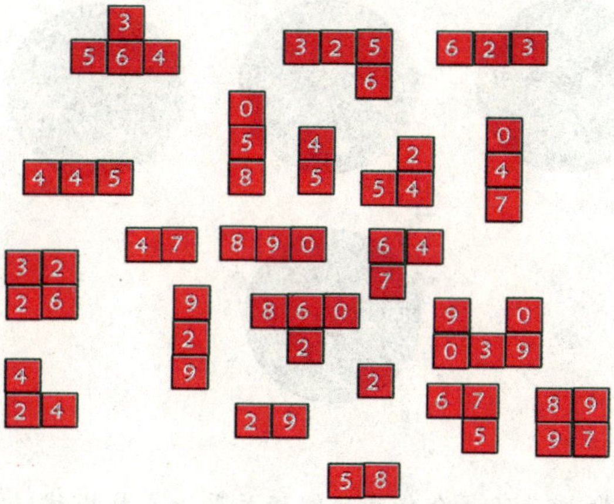

思维点拨

提示：第一横行和第一纵列的数字排列是4、4、5、6、7、8、9、0。

023 钟表的时间

时间限制：1分钟
是否完成：是（ ）否（ ）

根据规律，第四个钟面上应当显示什么时间？

思维点拨

将分针与时针的变化规律分开来看。

024 缺失的指针

时间限制：2分钟
是否完成：是（ ）否（ ）

你能根据规律推算出最后一个钟面上缺失的指针应当指向什么数字吗？

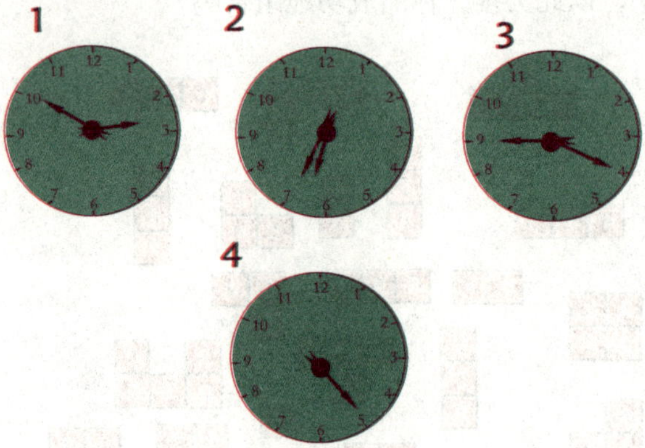

思维点拨

要从两根指针所指示的两个数字之间的关系上去找规律。

025 填字母

时间限制：3分钟
是否完成：是（ ）否（ ）

右图中的问号部分应该填入什么字母？

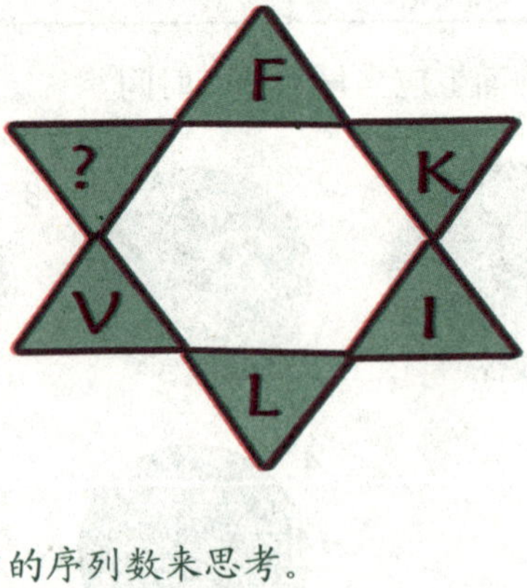

思维点拨

要结合字母在字母表中的序列数来思考。

026 物品的重量

时间限制：3分钟
是否完成：是（　）否（　）

每辆拖拉机的工作时间如图所示标，拖拉机下面的数字是其运送物品的吨数，其中存在着一定的规律。那么，你能推算出拖拉机A所运送的物品的吨数吗？

思维点拨

看看相邻的两辆拖拉机的时间与吨数存在什么联系，小时与分钟数要拆开来用。

027 不符合规律的箱子

时间限制：2分钟
是否完成：是（　）否（　）

每个箱子的重量如图所示。哪一个箱子的重量不符合排列规律？

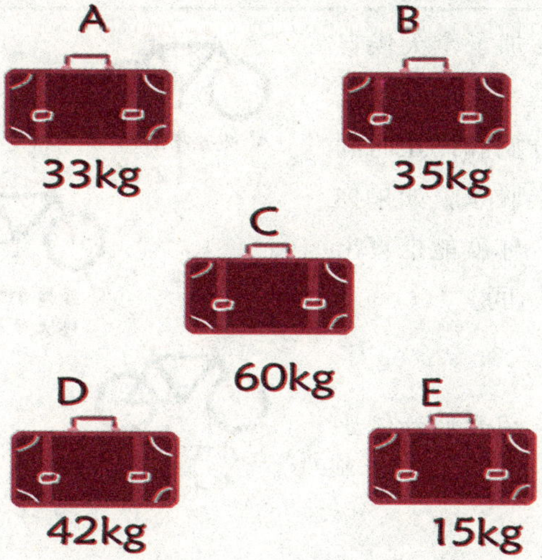

思维点拨

观察每一组数字的个位与十位，再从中找到共同的规律。

028 自行车比赛

时间限制：3分钟
是否完成：是（ ）否（ ）

5辆自行车参加比赛。每位自行车手的号码和分别所用的时间之间存在着一定的规律。你能根据规律推算出最后一位自行车手的号码吗？

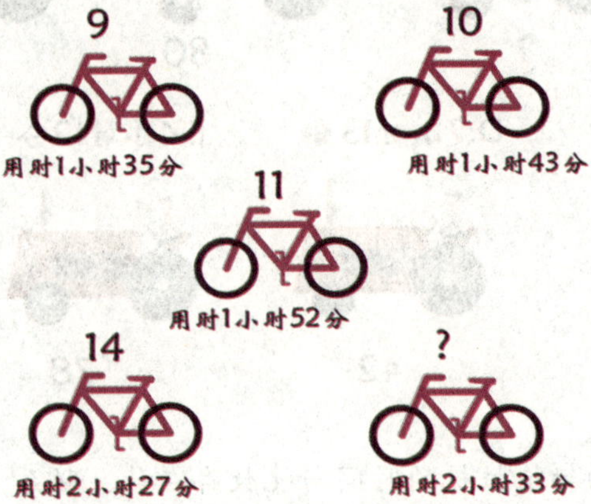

思维点拨

将时间折合成分钟数再来找规律。

029 终止的时间

时间限制：3分钟
是否完成：是（ ）否（ ）

所有自行车都参加了全天候自行车赛，发生了一些奇怪的事情，这些自行车的运行开始和终止时间之间存在神奇的数学联系。如果你能发现其中的规律，你就能推算出自行车D终止运行的时间。

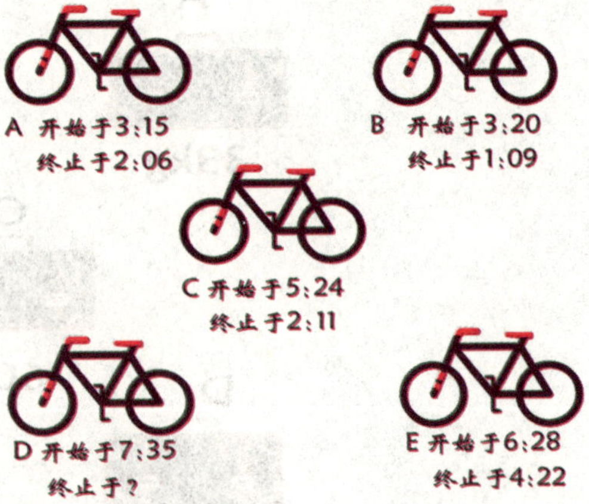

思维点拨

从每一辆自行车的开始和终止时间差上去找规律。

030 缺少的扑克牌

时间限制：3分钟
是否完成：是（ ）否（ ）

图中是由黑桃和方片组成的数字框。动脑筋想想，图中缺少哪些扑克牌？

思维点拨

要从牌的颜色上去分开考虑，它们代表的是一正一负的两种数。

031 钟表的时间

时间限制：1分钟
是否完成：是（ ）否（ ）

下边钟面上显示的时间之间是有一定规律的。你能根据该规律推断出3号钟面上应当显示的时间吗？

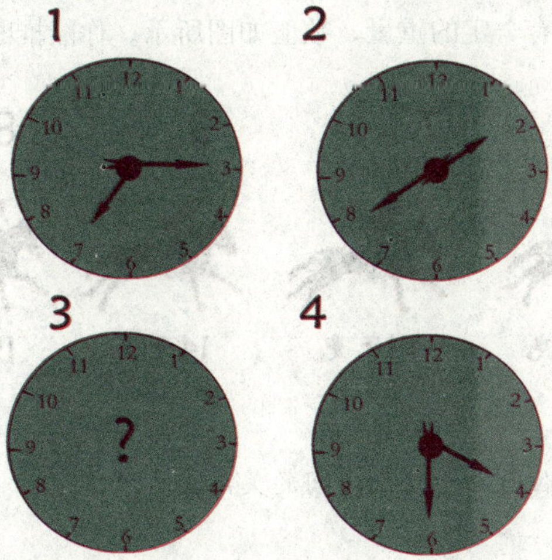

思维点拨

从第1号到第2号钟表的变化可看出：分针向前走了，而时针向后走了。

032 变化的规律

时间限制：1分钟
是否完成：是（ ）否（ ）

要从顶部钟面上的时间到达底部钟面上的时间，如何以所示的4个时间段为基准，分别顺时针加上或逆时针减去一定的时间段？

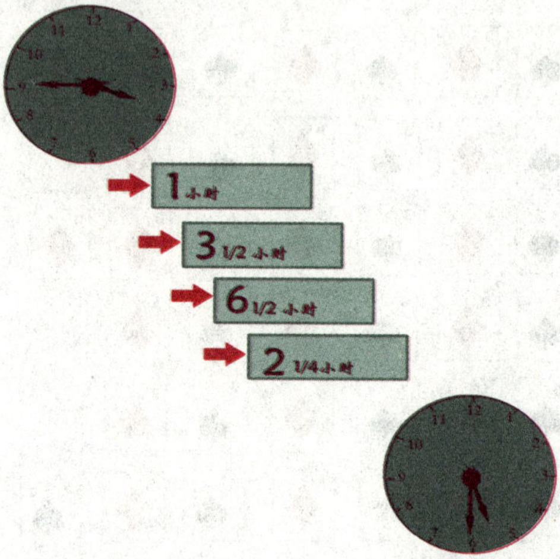

思维点拨

将顶部的时钟所显示的时间列出来，再将中间的4个时间段进行向前或向后的运算，即能得到底部钟表的时间。

033 马匹的编号

时间限制：2分钟
是否完成：是（ ）否（ ）

每匹马都载有一定的重量，数值如图所示。你能推断出最后一匹马的号码吗？

思维点拨

从重量的个位数与十位数之间的关系去找规律。

034 交叉的皮带

时间限制：3分钟
是否完成：是（ ）否（ ）

若所有4条皮带都像A、B轮之间那样交叉起来，这4个轮还能转吗？如果1条或3条交叉起来，又将如何？

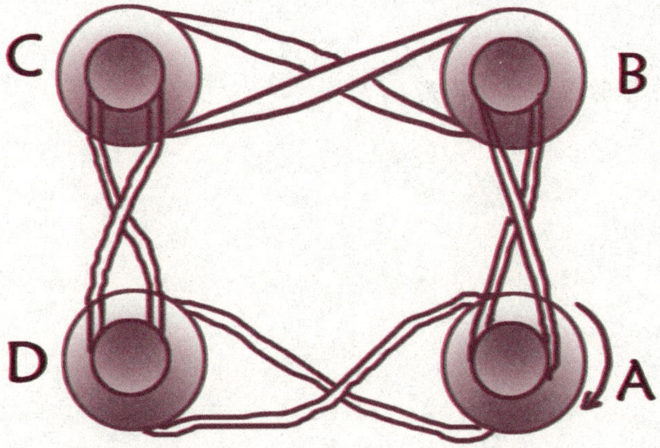

思维点拨

要根据A轮的转动方向去推断。

035 错在何处

时间限制：2分钟
是否完成：是（ ）否（ ）

我们都知道，一头大象的重量和一只蚊子的重量不可能相等。但是，现在我们设x为一头大象的重量，y为一只蚊子的重量。两者重量的和为$2v$，则$x+y=2v$。由此方程，我们能进一步得：

$x-2v=-y$，　　$x=-y+2v$，

两式等号左右分别相乘，得：

$x^2-2vx=y^2-2vy$

加上v^2：

$x^2-2vx+v^2=y^2-2vy+v^2$ 或 $(x-v)^2=(y-v)^2$

取平方根：

$x-v=y-v$,

$x=y$,

这么一来，这头大象的重量（x）等于这只蚊子的重量（y）。错在何处？

思维点拨

注意取平方根时存在什么问题。

答案

第2章　35道最经典的趣味数学游戏

1. 按照“费城—15—22—18—14—3—8—4—10—19—16—11—5—9—2—7—13—17—21—20—6—12—伊利”的路线可以经过所有城镇且不重复任一条路线地到达目的地。

2. 在这道题目中，要求画出美国军舰的航线。可以说，用15～18条直线可以组成很多种航线方案，但是下面这种方案只用了14条直线段。答案如图。

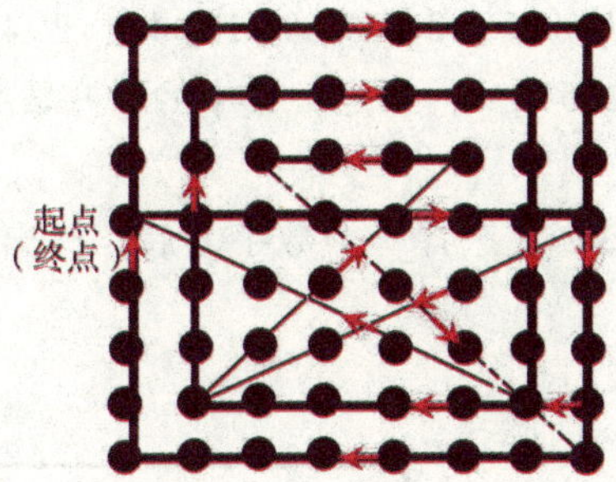

3. 如图。

4. 这里只给出一种方法：A–1–Y–3–B–2–A–4–Y–5–B–6–Y。想想看，还有其他方法吗？

5. 后摘花瓣者只要把花瓣分成数量相等的两组就一定能赢得胜利。比如，如果先做者摘一片花瓣，那么后做者就在对面摘两片，使留下的两组各有五片花瓣；如果先做者摘两片花瓣，那么后做者在对面摘一片花瓣，留下两组同样多的花瓣。在这之后，后者只要与前者摘的一样多就可以获胜。若先做者摘两片，在一组中留下2–1这种组合时，那么后做者就摘与之对应的两片，使另一组中也留下2−1组合。照此玩下去，后者肯定能最后一个摘花瓣而获胜。

6. 如图。

7. 分数值分别为1/3、1/4、1/5、1/6、1/7、1/8和1/9的摆放方法分别为：5832/17496、4392/17568、2769/13845、2943/17658、2394/16758、3187/25496、6381/57429。当然，其中的一些数字也可以有一些变化，同样可以得到答案。

8. 输赢比率为125：91。在选择一个数字之后，掷出骰子，你将会输125次，赢91次。

9. 如图。

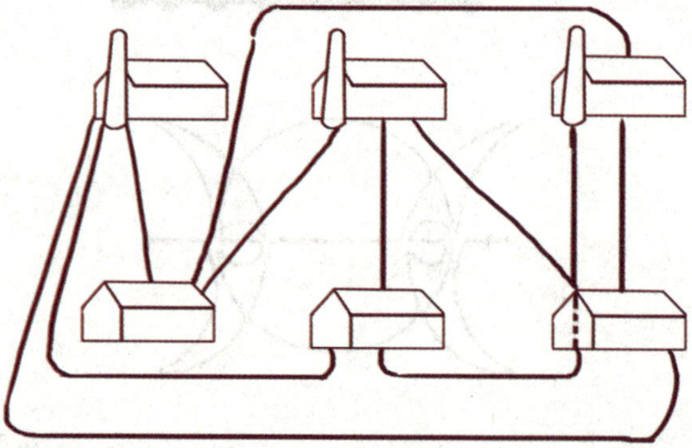

10. 山羊和绵羊都为9只。9×9=81，而81在镜子里看是18，18正好是山羊和绵羊的数目之和。

11. 把 9 根火柴拼成TEN（英语里即为“10”的意思），把 6 根火柴拼成NIX（英语里即为“无”的意思）。

12. 如图。

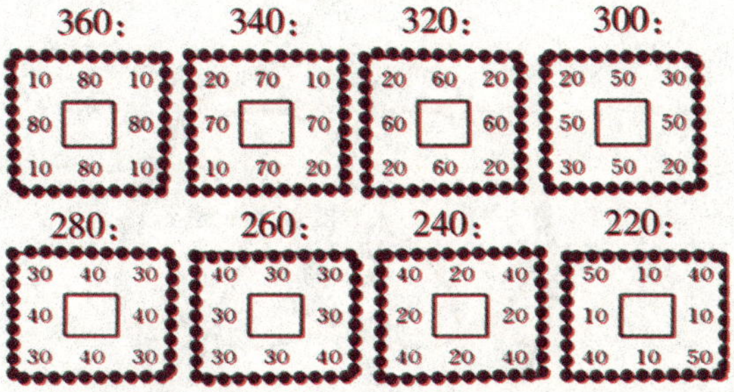

13. 如图所示，将浅色 6 与深色 9 分别倒过来放，卡片就能形成连续数字9、10、11、12、13。

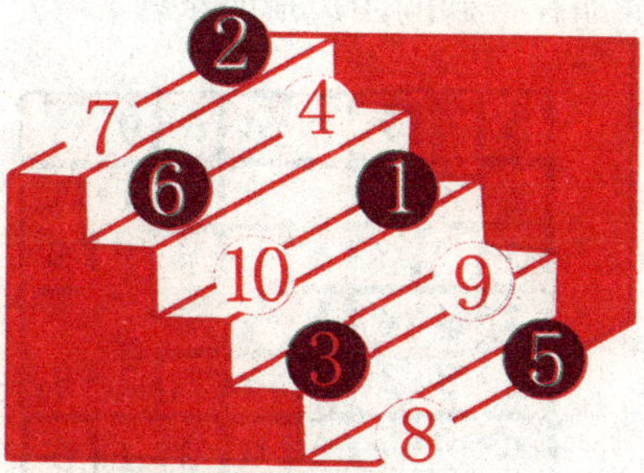

14. 9分钟。一只山羊吃掉一棵白菜需要6分钟，所以，吃掉一棵半的白菜需要9分钟，而半只山羊是不可能吃白菜的。

15. 两行筹码相交在一个角，而那个角上的筹码上面又有另一个筹码。这样，一行有3个筹码而另一行有4个筹码（如图所示）。

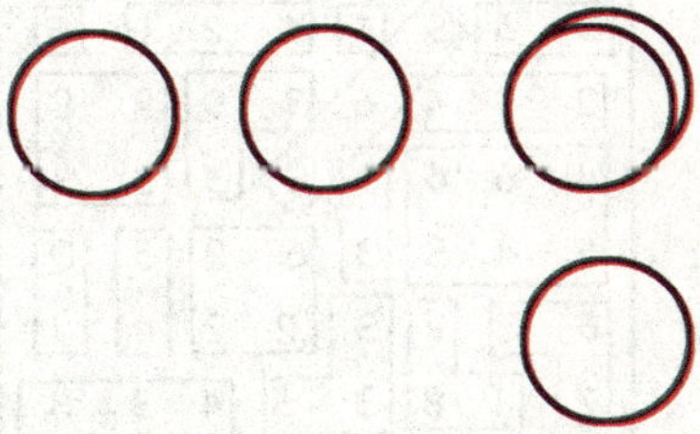

16. 这22步依次如下：10号到5号，1号到8号、11号到6号、2号到9号、12号到7号、3号到4号、5号到12号、8号到3号、6号到1号、9号到10号、7号到6号、4号到3号、12号到7号、3号到4号、1号到8号、10号到5号、6号到1号、9号到10号、7号到2号、4号到11号、8号到3号、5号到12号。

17. 如图。

18. 4。图内数字代表叠加在一起的四边形的个数。

19. 如图。

20. 如图。

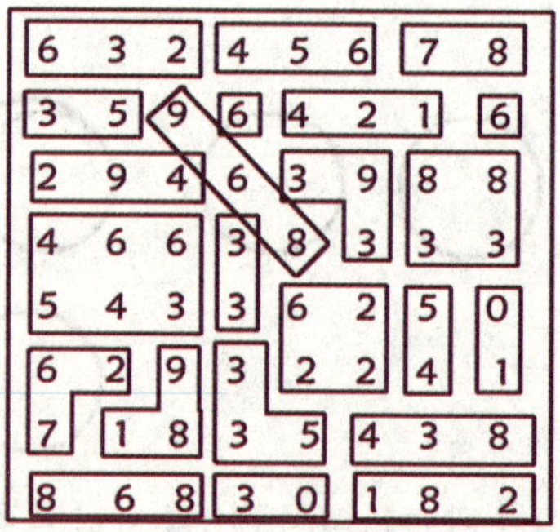

21. 1：00。分针顺时针走20分，时针逆时针走1个小时。

22. 如图。

23. 6 : 50。分针分别逆时针走5、10、15分，而时针分别顺时针走1、2、3个小时。

24. 8。每个钟的分针和时针所指向的数字和皆为13。

25. R。每个字母代表其在字母表中的序列数，乘以2所得的积填入相对的三角形中。I（9）×2=18（R）。

26. 84。将A的小时数乘以B的分钟数，得到C的吨数；然后将B的小时数乘以C的分钟数，得到D的吨数；C的小时数乘以D的分钟数，得到E的吨数；D的小时数乘以E的分钟数，得到A的吨数为84；E的小时数乘以A的分钟数，得到B的吨数。

27. B。其他各个数字的个位和十位上的数字之和皆为6。

28. 15。将时间折合成分钟数，再除以10，小数点后的忽略不计。

29. 3 : 13。A的开始时间减去终止时间等于B的终止时间；B的开始时间减去终止时间等于C的终止时间。依次类推。

30. 黑桃9，方片9，黑桃7和黑桃2。在每一行中，黑桃牌代表正数，方片牌代表负数。这些正数与负数相加，就得到每行最右边的牌的花色和数值。

31. 9 : 05。分针顺时针走25分钟，时针逆时针走5个小时。

32. 顺时针，逆时针，顺时针，逆时针。

33. 2。用重量个位上的数字减去十位上的数字，得出的差即为号码。

34. 能转。C和D顺时针转，B逆时针转。4条皮带都交叉也能转。1条或3条皮带交叉，不能转。

35. 错误在于取（$y-v$）^{2}的平方根为（$y-v$）。事实上，

$x-v=-(y-v)$

$x+y=2v$

要注意：($x-v$)（一头大象减去半头大象、半只蚊子）是正数，而（$y-v$）是负数。

3

133道

最经典的应用数学游戏

001 奶牛的速度与桥长

时间限制：5分钟
是否完成：是（ ） 否（ ）

这是一个发生在铁路上的颇为惊险刺激的事件。有一天，凯西的奶牛站在距离桥梁中心点5米远的地方欣赏着湖水。突然，它意识到离它较近的桥头方向飞驰驶来一列火车，这时，火车距离较近的一端桥头正好是桥长的2倍，速度是90千米/小时。在这紧急关头，它迅速朝火车驶来的方向冲去，最后一条腿刚离开铁轨时，只差1米就会被火车撞到。如果奶牛向反方向逃跑，则它还差0.25米才能成功逃离。那么，奶牛的速度和桥的总长度各是多少？

思维点拨

做这道游戏题时，要注意奶牛刚好跑离桥头时，火车距离桥头还差1米的距离；而如果向反方向逃跑，奶牛跑至离桥头0.25米远的位置时，火车也刚好到达这一位置。它们之间的联系是所用的时间相等。

002 往返跑比赛

时间限制：2分钟
是否完成：是（ ） 否（ ）

科恩是个有趣的宠物教练员，一天，他决定让久经训练的猫和狗进行10米直线往返跳跃比赛。狗每一次跳跃有0.3米远，猫仅仅为0.2米，但是狗跳2次的时间猫能跳3次。那么，猫和狗谁会获胜？

思维点拨

根据狗每次跳跃的距离，要完成10米的直线往返跳跃比赛，对于它来说肯定不会刚好是跳了10米这样一个整数。

003 投票的人数

时间限制：2分钟
是否完成：是（ ） 否（ ）

秘书报告："主席先生，投动议赞成票的原本比反对票多出了1/3，但是，由于之前投赞成票的人中有11票最后改投了反对票，因此我宣布，由于一票之差，动议最终不能通过。"请问共有多少人参加了投票？

思维点拨

先确定原来赞成票与反对票之间的比例关系，然后根据投赞成票的人中有11票最后改投了反对票，赞成票与反对票之间只有一票之差来确立它们之间的等式关系。

004 衣服的洗涤费

时间限制：5分钟
是否完成：是（ ） 否（ ）

查理与弗雷迪把穿得很脏的硬领与袖套拿到一家洗衣店里清洗，衣物总共有30件。几天后，弗雷迪先从洗衣店里取回了一包清洗好的衣服。他发现其中恰好包括当初送洗的袖套的一半与硬领的1/3，他洗这一包衣物付的洗衣费为27美分。假如4只袖套同5只硬领洗涤费相等，请问，查理想将剩下的衣物全部取回还需要支付多少洗衣费？

思维点拨

这道游戏的关键要从"4只袖套同5只硬领洗涤费相等"这个条件入手。

005 小屠夫问题

时间限制：5分钟
是否完成：是（ ）否（ ）

美国南北战争时，北军总司令、美国第18任总统格兰特在路上相中了一匹马。马的主人是一位聪明的德国人，当得知格兰特是美国总统后，就以半价把马卖给了他。

马是浅色的，格兰特很喜爱它，并取名为"小屠夫"。几年之后，华尔街出现动乱，格兰特家族发生了严重的经济问题，他迫不得已以493.68美元的价格把"小屠夫"和它的伙伴一起卖了。格兰特对这个价格非常不满意，朋友就劝慰他："你在小屠夫身上赚了12%，在另外一匹马上亏了10%，加起来你还是赚了2%。"格兰特说："也许是应该像你这样计算。"不过从他深有含意的笑容可以看出，他不像是在开玩笑，这个答案显然是经过深思熟虑的。

你想想看，如果格兰特在一匹马上亏了10%，在另一匹上赚了12%，加起来赚了2%。那么，每一匹马的价格是多少？

思维点拨

先根据卖出的价格和赚得的2%的利润求出两匹马买进的价格，再根据一匹马赚得的百分比和亏了的百分比求得每一匹马买进的价格。

006 两镇之间的距离

时间限制：3分钟
是否完成：是（ ）否（ ）

威利和蒂姆分别居住在快乐镇和幸福镇，他们同时想换个环境。于是，两人分别前往对方的镇。两人很快在路上碰面了，碰面的地方距快乐镇有10千米，他们相互打招呼之后又各自上路了。但是他们发现，在这两个镇都很难重新就业，威利认为幸福镇的人见钱眼开，蒂姆认为快乐镇的人不好相处。在别人的提议下，两人开始返回原来的住处，又在路上碰上了，碰面的地方距幸福镇有12千米。如果两人是同时出发，并且始终保持匀速，请问，快乐镇和幸福镇之间的距离是多少？

思维点拨

在两人第二次碰面时，他们共同走过的路程是全长的三倍。而在第二次碰面时，因为他们始终保持匀速，那么很容易就可以算出威利走过的路程全长。

007 奥苏格斯的难题

时间限制：2分钟
是否完成：是（ ）否（ ）

奥苏格斯即将老来得子，欣喜之余，他允诺，如若是个男孩，他将把2/3的财产留给儿子，1/3的财产留给他的妻子；如若是个女孩，他将把2/3的财产留给妻子，1/3的财产留给女儿。可是后来，奥苏格斯发现孩子是双胞胎，而且是一个男孩和一个女孩。奥苏格斯实在想不明白应该如何分配财产了。朋友们，你们觉得应该怎样分配奥苏格斯的财产才合理呢？

思维点拨

根据题意可以了解到，奥苏格斯的意图是：分给母亲的钱是给女儿的两倍，给儿子的钱是给母亲的两倍。

008 精明的商人

时间限制：3分钟
是否完成：是（ ）否（ ）

一位精明的投机商说：“我是从卖油和醋开始做生意的。我的第一位顾客买了14美元的油和14美元的醋，油价是醋价的两倍，最后我还剩了一桶。”如图所示，他共有6桶油和醋，桶底部的数字为内部液体容积。请你猜猜剩下的那一桶值多少钱。

思维点拨

油价是醋价的两倍，那么卖出的醋的数量则是油的数量的两倍，在6个数中先找出其他组合起来能成倍数关系的5个数，并根据题意求得油和醋的单价。剩下的那一桶也许是油，也许是醋。

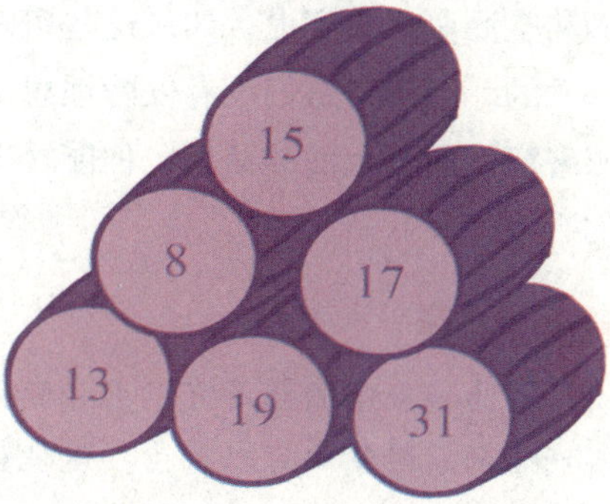

009 选举问题

时间限制：1分钟
是否完成：是（ ） 否（ ）

在一次选举活动中，候选人有四个人，有效选票为5219票。当选者以分别超出22、30和73票的成绩击败了其他三位选手，但是无人能算出他们各自获得的具体票数。你能算出来吗？

思维点拨

将当选者的票数设为未知数，根据题意列方程式即可求得其解。

010 愚蠢的盗贼

时间限制：3分钟
是否完成：是（ ） 否（ ）

一天，一位先生发现自己的酒窖被盗，丢失了两打（每打为12瓶）香槟酒。盗贼偷了一打每瓶2升的香槟和一打每瓶1升的香槟。但是，他们发现东西太沉了，就决定把两种香槟各喝掉5瓶。为了不让人发觉任何作案痕迹，他们也随身带上了空酒瓶。回到老巢后，他们遇到了难题，不知道如何平分这些赃物，包括7个1升的满瓶、7个2升的满瓶、5个1升的空瓶和5个2升的空瓶。然而，他们必须平分这些酒和空酒瓶。事实上，如果这些盗贼还有些常识的话，他们可以不用打开酒瓶分香槟酒的。结果盗贼们没有安静地思考，而是大吵大闹起来，搞得十分混乱，并引来了警察。通过上面的信息，你能算出这帮盗贼有几个人吗？他们应该怎么平分偷来的香槟？

思维点拨

因为酒和空酒瓶是可以平分的，先将酒和瓶分开来看，从香槟酒的总数量和所有酒瓶的总数量中可以得出，这伙盗贼的人数只能是一个唯一的数。

011 走了多长的路

时间限制：1分钟
是否完成：是（ ）否（ ）

年轻的小伙子科恩从父亲那里接到一项新的任务，那就是去他的姑妈家中背一大袋姑妈送的新鲜水果回来。由于没有交通工具，科恩需要走过相当长的一段路程。他空手前往时的速度为每小时5千米，负重返回时的速度为每小时3千米，他一来一往共用了7个小时。根据上面的信息，你能算出这位年轻的小伙子走过了多长的路吗？

思维点拨

来回的路程是相等的，根据科恩往返时的速度和总共花费的时间，可以分别求出空手前往时所用的时间和负重返回时所用的时间，再根据速度即可求得总路程。

012 机灵的报童

时间限制：2分钟
是否完成：是（ ）否（ ）

5个机灵的报童一起卖报。汤姆·史密斯卖的报纸是总数的1/4再加上一份报纸；比利·琼斯卖的报纸是剩下的1/4再加上一份；勒德·史密斯卖掉的报纸是前两人卖剩下的报纸的1/4再加上一份；查利·琼斯卖掉的报纸是前3人卖剩下的报纸的1/4再加上一份。这时，史密斯家的两个孩子比琼斯家的两个孩子多卖出100份报纸。不过，他们中最小的孩子小吉米·琼斯把剩下的所有报纸都卖出去了。琼斯家3个孩子卖的报纸比史密斯家两个孩子卖的报纸多多少份？

思维点拨

将报纸的总数设为未知数，再根据题设条件列方程式即可求得其解。

013 丝线和毛线的价格

时间限制：1分钟
是否完成：是（ ）否（ ）

小苏西把31分钱放在柜台上，说："给我3把丝线和4把毛线。"她对售货员所说的话是妈妈教的。但是，小苏西想像妈妈一样自己做主买一点东西。于是，她说："我现在改了主意，我要4把丝线和3把毛线。"

售货员说："那么，你还差1分钱。"

"哦，那就算了，还是照旧吧。"小苏西一边说，一边拿着买来的东西跑出了门。

请问，丝线和毛线的价格分别是多少呢？

思维点拨

将丝线和毛线的价格分别设为未知数，根据题设条件列方程式即可求得其解。

014 代售白酒

时间限制：3分钟
是否完成：是（ ）否（ ）

汉普郡的戒酒镇指定了一位白酒代理商，他获得了独家经营白酒一年的权利。他得到了12美元的启动资金和价值59.5美元的货物。代理商在年末盘点时，他已经购买了283.5美元的白酒，总销售额为285.8美元。镇里给他5%的代理费（即销售额的5%）作为工资。图中标出了代理商和镇委员会对账的情形，酒瓶上都标出了零售价。请想想，汉普郡今年从白酒销售中获利多少？

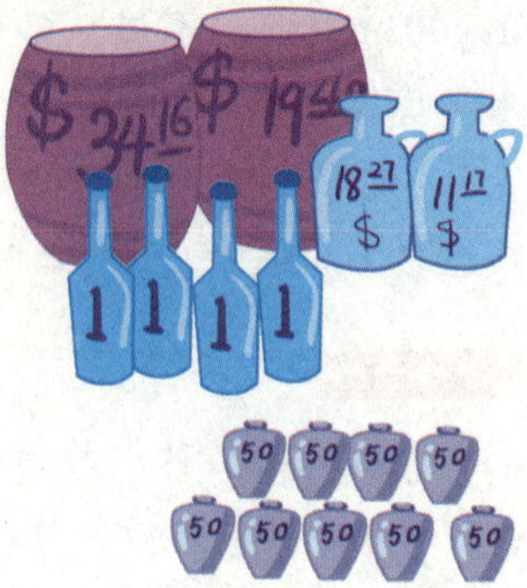

思维点拨

图中小瓶的酒是以美分为单位的。先计算出剩下的白酒的价值，再结合一年的总销售额，可计算出代理商销售白酒所提高的价格百分比。

015 狡猾的中间商

时间限制：5分钟
是否完成：是（ ）否（ ）

围巾和高档地毯的上好原料是骆驼毛。买家通过中间商向卖家购买骆驼毛。假设中间商在得到买家的订单后，找到愿意卖骆驼毛的卖家，条件是收取买卖双方各2%的佣金。佣金加起来为4%。不过，中间商还通过在货物重量上做手脚进行欺诈。在向卖家购买时，中间商每千克多称1/16，在卖给买家时，又每千克少称1/16。中间商通过做手脚，赚到了25美元。那么，中间商为收进这批货物一共付了多少钱？

思维点拨

先算出在一进一出中，中间商通过欺诈多出的重量，而这些多出的重量也是以同样的价格出售，并因此赚取了25美元。再从这个比例中找到它的重量与钱的比例关系进行运算。

016 尽快到达终点

时间限制：5分钟
是否完成：是（ ）否（ ）

这是一道关于乡间越野障碍赛马的小问题。图中赛马似乎将接近尾声，整个赛程只剩下$1\frac{3}{4}$千米了，而领骑的几名运动员之间差距非常小，所以相当明显，谁能找到通向旗帜的捷径，谁就能取得赛马比赛的胜利。从图中可以看到，终点的旗帜正在长方形田野远处的角落里迎风招展，长方形土地的边上有一条道路，一边长1千米，另一边长3/4千米。从大路骑向终点旗帜的路程为$1\frac{3}{4}$千米，所有的马都能在3分钟内到达。骑手们都想穿过田野走捷径，

但由于田野地面崎岖不平，比在长方形土地上骑行时速度低1/4。请问，骑手们应该在1千米长的路段上的什么位置穿过田野，才能尽快到达终点？

思维点拨

先将他们按原路骑的速度求出来，再通过速度与时间的比例关系求出以原来降低1/4的速度在不超过3分钟的时间所需经过的最长路程。

017 金字塔的台阶

时间限制：5分钟
是否完成：是（ ）否（ ）

国王和他的护卫到一座金字塔去巡视，不幸遇上了一头狮子。从下图可以看到，国王的护卫腰挎宝剑，努力抵挡着接近他们的狮子。他们要爬上最低的一座法老的金字塔。国王飞快地跑上塔顶把自己的东西放在安全之处。国王一次可以爬上5步台阶，国王的护卫一次能爬上6步台阶，而狮子一次能爬上7步台阶。照这种速度爬金字塔，他们正好一起到达顶点。请问，金字塔有多少步台阶？

思维点拨

根据他们爬台阶的数目计算，如果他们刚好都到达顶点，金字塔的台阶数目应是多少步。

018 婴儿体重问题

时间限制：2分钟
是否完成：是（ ） 否（ ）

奥图勒夫人想称她初生孩子的体重、她自己的体重和狗的体重。通过称量，她发现她自己的体重比狗和婴儿的体重之和还重50千克，狗的体重比婴儿轻60%，大家总体重量为85千克。请算算，孩子、奥图勒夫人自己和小狗的体重各是多少？

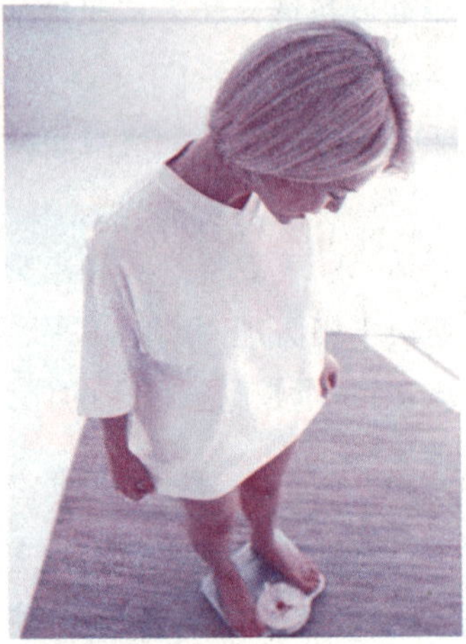

思维点拨

根据奥图勒夫人的体重比狗和婴儿的体重之和还重50千克，而大家总体重为85千克，很容易就可以算出奥图勒夫人的体重。

019 女孩们的体重

时间限制：2分钟
是否完成：是（ ） 否（ ）

几个女学生发现了一个省钱妙法，她们只花1分钱就可以称出所有人的体重。一次在秤上站两人，然后一次换一个人，轮流上去称量两人的体重。她们按照这种方法称得的体重分别为64.5千克、62.5千克、62千克、61.5千克、61千克、60.5千克、60千克、59千克、58千克和57千克。请问，这五个小女孩儿各自的体重是多少？

思维点拨

先找出上面这组数字之间的规律。

020 鸡蛋的价格

时间限制：2分钟
是否完成：是（ ） 否（ ）

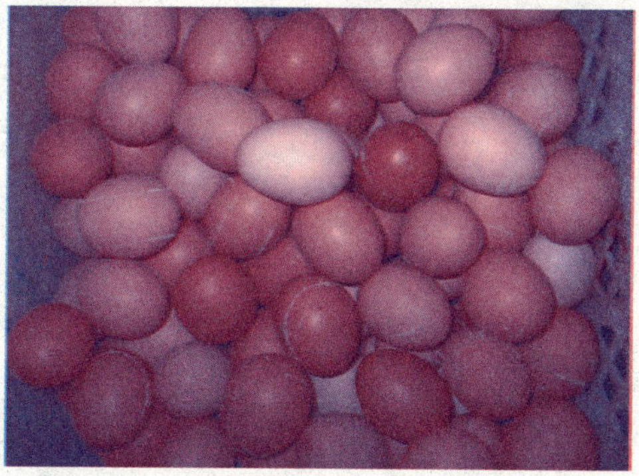

史密斯太太想了解这么小的鸡蛋在食品店里卖多少钱。圣布里奇特回答说："我用12美分买了这些鸡蛋，可我觉得鸡蛋太小了，就让他们添了2只。最后，每打（12只）鸡蛋的单价比原先价钱便宜了1美分。"你能算出圣布里奇特用12美分买了多少只鸡蛋吗？

思维点拨

将鸡蛋原先的要价和圣布里奇特买的鸡蛋只数分别设为未知数，再根据题设条件列方程式即可求得其解。

021 汤姆的小猪

时间限制：2分钟
是否完成：是（ ） 否（ ）

汤姆的小猪从猪圈里逃走了。汤姆从图中右上角大门进来追猪，小猪在大门对面250米的树下。人和猪同时奔跑，并且都以匀速前行。小猪是向下跑，汤姆始终都在小猪后面追。如果汤姆的速度是小猪速度的一倍，那么，他在抓住小猪之前已经跑了多远？

思维点拨

解决这类问题，首先应算出人与猪在直线上向前行进时，人要走多少路程才能追上猪。这一数字还应加上人与猪在直线上相向而行时，人把猪抓住的行走距离的1/2。

022 难解的遗嘱

时间限制：5分钟
是否完成：是（ ）否（ ）

1803年，老船长约翰·史密斯在格洛斯特去世，他将遗产留给了他的9位继承人，他们是：他的儿子、儿媳与小孩；女儿、女婿与小孩；前妻所生的儿子、他的老婆与小孩。一共是3家。船长在遗嘱中规定，丈夫分得的钱要多于他的妻子，而妻子到手的钱要比孩子多。并且，每个男人与其妻子所得的钱数之差应等于每个女人与其孩子分得的钱数之差。所有的钱全部是币值1美元的钞票，每个继承人都拿到一个纸口袋，其中装着一些密封的信封，而每只信封里的钱数等于这只纸口袋里的信封数。遗嘱里还写着："玛丽与萨拉拿到的钱正好等于汤姆与比尔拿到的钱，而内德、比尔与玛丽所拿到的钱数之和要比汉克多出299美元。为了照顾贫困的琼斯一家，他们拿到的钱要比布朗一家多出1/3。"

从图上不能看出9位继承人的年龄，但根据史密斯船长的遗嘱，你能猜出每位继承人的姓氏以及所拿到的钱数吗？

比尔 玛丽 汤姆 伊莉莎 汉克 苏珊 内德 萨拉 杰克

思维点拨

根据"玛丽与萨拉拿到的钱正好等于汤姆与比尔拿到的钱，而内德、比尔与玛丽所拿到的钱数之和要比汉克多出299美元"这句话可知，玛丽和萨拉应是同辈人，而汤姆与比尔则是两辈人。

023 台球问题

时间限制：2分钟
是否完成：是（ ）否（ ）

这天，阿法巴姆教授和朋友一起打台球，他在100分一局的比赛中让了布鲁门斯特英20分。后来，古格里辛姆也加入比赛。在100分一局的比赛中，布鲁门斯特

英能够让古格里辛姆20分。他们三人一起打台球。自然，阿法巴姆教授也应该向古格里辛姆让分。

简单说来，在100分一局的比赛中，A让B20分，B让C20分，那么，在200分一局的比赛中，A能让C多少分？

思维点拨

先算出在100分一局的比赛中A让C的分数。

024 修路工人的问题

时间限制：5分钟
是否完成：是（ ）否（ ）

一位数学家找了两名工人挖一条从新房子延伸到公路的百米小道。他可以支付100美元，不管两个工人如何分工。两人从两头开始向中间挖路。从房子一头开始挖路的工人倒土需要走的路要长一些，但是土的数量少一些。因此，他们同意向他每米支付90美分，向另外一人每米支付1.1美元。修好之后，他们按照协定计算，各得50美元。而数学家却认为，根据他们两人的约定，他们不可能获得同等的报酬。这让两人十分不悦。请问，如果两人想得到相同的报酬，他们各应该干多少工作？

思维点拨

先根据他们所得到的报酬将他们各自修路的长度计算出来。

025 电话线杆

时间限制：2分钟
是否完成：是（ ）否（ ）

有一次赫拉乘车外出，经过一段长1.914千米的公路。凭借秒表，她看到每分钟经过的电话线杆数目乘以1.914后，正好等于车的时速（千米/小时）。确定汽车保持匀速，而电话线杆之间的距离都是相等的。那么，两根相邻电话线杆之间的距离是多少？

思维点拨

将经过的时间和电话线杆分别设为未知数，再根据题设条件列方程式求解。

026 牲口的数目

时间限制：3分钟
是否完成：是（ ） 否（ ）

三个牲口贩子在公路上相遇时谈开了生意。汉克对吉姆说：“我用3头猪换你1匹马，这样你的牲口数将与我所有牲口数目相等。”杜克对汉克说：“我用14只羊换你1匹马，那么你的牲口数将是我的3倍。”吉姆对杜克说：“我用4头牛换你1匹马，那么你的牲口数将是我的6倍。”了解了这有意思的情况之后，你能否说出他们三人各有多少头牲口？

思维点拨

将三人各有的牲口数分别设为未知数，再根据题设条件列方程式即可求得其解。列方程式时要注意减去自己换出去的牲口数目以及加上换回来的牲口数目。

027 赛跑赢牛奶

时间限制：3分钟
是否完成：是（ ） 否（ ）

杰克和吉尔赛跑，看谁能获胜赢得一桶牛奶。赛场是一座高为440米的小山。杰克先到达山顶，然后马上下山，在距山顶20米的地方碰到吉尔。他比吉尔早半分钟跑到山脚下。两位赛跑者的下山速度都是上山速度的1.5倍。请问杰克用长时间走完了这880米?

思维点拨

要注意杰克下山时，在距山顶20米的地方碰到吉尔，在这一段时间内他们各自所跑的路程是已知的。

028 西服的卖价

时间限制：3分钟
是否完成：是（ ）否（ ）

一位成功的商人教育儿子："我的孩子，生意成功的关键在于货物的卖价，而不是货物的进价。卖这件高级西服我可以获得10%的利润，但是，如果我能把进价压低10%，然后以20%的利润加价卖出这件西服，那么，西服的价格还是降了0.25美元。"

请你算一算，西服原先的卖价是多少?

思维点拨

先根据题意找出新卖价与原进价之间的倍数关系，以及原卖价与原进价之间的倍数关系。

029 赔本的买卖

时间限制：2分钟
是否完成：是（ ）否（ ）

史密斯先生曾经用26美元在得克萨斯购得一匹野马，饲养一段时间后，以60美元的价格将它卖了。这看起来是一桩挺值的生意，可他后来发现，他还是在生意中赔本了。他赔进去的钱等于原价的1/2加上饲养开支的1/4。请问，史密斯先生在这笔买卖中损失了多少？

思维点拨

根据题意可知：60美元等于原价的1/2加上饲养开支的3/4，由此可计算出饲养开支。再根据题设条件，即可算出史密斯先生的损失。

030 农田的面积

时间限制：2分钟
是否完成：是（ ） 否（ ）

农夫赛克斯向艾克抱怨，他要支付80美元现金以及许多小麦作为租赁一块农田一年的地租。他说，若小麦的价格为每升75美分的话，这笔费用相当于每亩7美元，但现在小麦的市价已涨到每亩1美元，所以，他所付的租金相当于每亩8美元。他认为，这个租金太高了。请问，这块农田的面积是多少？

思维点拨

将农田的亩数和小麦的升数分别设为未知数，根据题意列方程式即可求得其解。

031 两车相遇的问题

时间限制：5分钟
是否完成：是（ ） 否（ ）

从伊凡尼斯到格拉斯哥的距离是189千米，游客可以选择铁路或者选择老式马车旅行。选择老式马车可以节省半天时间。现在有这样一道题目：

火车和四轮马车分别同时从格拉斯哥和伊凡尼斯出发，凭借里程碑，能算出在两车相遇时，该地点与伊凡尼斯之间的距离要比它与格拉斯哥之间的距离大。相差的千米数与马车所用的小时数相同。通过以上条件，你能否计算出两车相遇时，马车距离格拉斯哥还有多远吗？

思维点拨

将火车的速度、四轮马车的速度以及相遇点距离格拉斯哥的距离分别设为未知数，根据题意列方程式即可求得其解。要注意“相差的千米数与马车所用的小时数相同”，这里马车所用的小时数是指从伊凡尼斯至相遇点所用的小时数。

032 普通股的价值

时间限制：2分钟
是否完成：是（ ） 否（ ）

乔西在最近一次召开的董事会上说：“先生们，根据公路营运的实际利润，我们要支付的股息占全部股份的6%，但是有400万美元的优先股必须支付7.5%的股息，所以我们对普通股只能支付5%的股息了。”凭借上面这些条件，你能算出普通股的价值吗？

思维点拨

将普通股与全部股份的价值分别设为未知数，再根据题设条件列方程式即可求得其解。

033 玩弹子的小孩子

时间限制：2分钟
是否完成：是（ ） 否（ ）

哈里和吉姆玩打弹子游戏。游戏之初，他们的弹子数目相等。在第一回合中，哈里赢得了20颗弹子。但到最后，哈里输掉了手中弹子的2/3。结果吉姆的弹子数是哈里的4倍。请你算算，游戏开始时每个孩子手上有多少颗弹子。

思维点拨

将两人原有的弹子数设为未知数。列方程式时要注意，最后哈里手中的弹子数是原来的数量加上20的1/3；而吉姆的弹子数是原来的数量减去20，再加上从哈里手中赢得的哈里最后弹子数的2/3。

034 两个车站的距离

时间限制：3分钟
是否完成：是（ ） 否（ ）

作为猫头鹰快运公司的机械师，吉姆说："我们出发后行驶了一个小时就发生故障，我们只得按照之前速度的3/5行驶。由于减速，我们到达时比原计划迟到了两个小时。如果火车能再行驶50千米才发生故障，我们就能少迟到40分钟。"那么，两个车站之间的距离是多少？

思维点拨

先求出以3/5的速度行驶50千米所需的时间内，如果以全速行驶，可以行驶多少千米，再根据节省的时间除以多行驶的路程数，即可得到全速行驶1千米所需要的时间。

035 不愿工作的比尔

时间限制：1分钟
是否完成：是（ ）否（ ）

不愿意工作的比尔在朋友的劝说下终于同意试着干30天的活，每天工资16先令。但是制度规定，旷工一天要罚款20先令。到了月底，比尔没有拿到一分钱，雇主同他谁都不欠谁。这令比尔更加相信，工作实在是件没意思的事。

请问，比尔工作了几天？

思维点拨

将比尔工作的天数设为未知数，根据题意列方程式即可求得其解。

036 茶叶的重量

时间限制：2分钟
是否完成：是（ ）否（ ）

一个茶烟店的小老板，出售一种相当畅销的混合茶，这种茶由两种茶叶混合而成，其中一种的成本为每千克5个角子，另一种成本为每千克3个角子。他配制了40千克混合茶，以每千克6个角子的价格出售，结果获得了1/4的利润。

请问，这种混合茶中包含的两种茶叶分别有多少？

思维点拨

将两种茶叶的重量设为未知数，再根据题意列方程式求解。

037 旅行家的问题

时间限制：5分钟
是否完成：是（ ）否（ ）

当美国西部还是一片“蛮荒之地”时，一位英国旅行家来到这里。他向人打听如何前往匹克特镇，有人告诉他，若要从此地出发到匹克特镇去，只有一条路可走。可以全程乘坐马车，但马车要在途中某个小屋停留30分钟，也可以全程步行。

如果他在马车驶离此地的同时开始出发步行，那么当马车到达匹克特镇的时候，他离该镇还有1千米的路程要走。也可以先步行到达那个小屋，然后再乘坐马车。如果他与马车同时出发，那么当他步行4千米的路程时，马车已经到达小屋。但是因为马车要停留30分钟，所以当马车要离开小屋时他刚好赶上，他就可以坐上马车前往该镇。他还可以选择乘坐马车，到达小屋之后，其余的路程再步行。这是所有方案中最快的方案，他可以比马车提前一刻钟到匹克特镇。

根据前面的条件，你能算出此地离匹克特镇有多远吗？

思维点拨

要注意旅行家先乘坐马车到达小屋后，马车会停留30分钟，而旅行家则比马车提前15分钟到达。如果马车不停留的话，实际上马车会比旅行家提前15分钟走完这段路程。

038 贪心的男仆

时间限制：3分钟
是否完成：是（ ）否（ ）

一位叫马达曼的仆人向一位商人买酒。商人给了马达曼5%的折扣。不过，男仆说他必须得到订单总额5%的佣金，不然就不买他的酒。厚道的商人只能从酒中得到5%的利润。他不能够再降低价格了，于是他们成交了总价为882法郎（折扣之前）的订单。

请问他们是怎样通过增加订单总价使每个人都得到了应该得到的5%的利润的？

思维点拨

以882法郎的订单总价计算出折扣5%后商人出售酒的价钱。再通过商人所得5%的利润计算出酒的成本价。而男仆要求得到5%的佣金，实际上商人要将订单总价提至折扣10%后仍能获得之前折扣5%的所得。从这里找到等量关系，就容易求得他们增加后的订单总价。

039 应收的小麦

时间限制：2分钟
是否完成：是（ ） 否（ ）

农夫史密斯将一块土地租给了邻居琼斯耕种，他们约定用2/5的产量当作租金。依照这一约定，琼斯能够得到价值50美元的大麦，比同样数量的小麦价值高18.75美元。按照他们的算法，130升大麦比80升小麦高8美元。由于琼斯愿意用小麦抵付租金，史密斯想知道，他应该收多少小麦？

思维点拨

先算出史密斯应该得到多少大麦，再根据小麦与大麦的价格进行换算。

040 玛丽太太的花生

时间限制：3分钟
是否完成：是（ ） 否（ ）

玛丽太太为孩子们带来了一些花生。她给了最大的孩子（男孩）一颗花生，然后把剩下的1/4也给了他。玛丽太太又给了小女孩一颗花生，然后把剩下的1/4给了她。玛丽太太按同样的方法也给了第三个孩子（男孩）和第四个孩子（女孩）花

生。最后看到，两个男孩得到的花生比两个女孩的多100颗。

那么，玛丽太太还剩下多少颗花生？

思维点拨

将玛丽太太花生的颗数设为未知数，再根据题设条件列方程式求解。

041 农妇的鸡蛋

时间限制：2分钟
是否完成：是（ ） 否（ ）

两个农妇共带100个鸡蛋去卖。一个带的多，一个带的少，但卖了同样的钱。一个农妇对另一个说："如果我有你那么多的鸡蛋，我能卖15元。"另一个说："如果我有你那么多鸡蛋，只能卖$6\frac{2}{3}$元。"

你知道两人各带了多少鸡蛋吗？

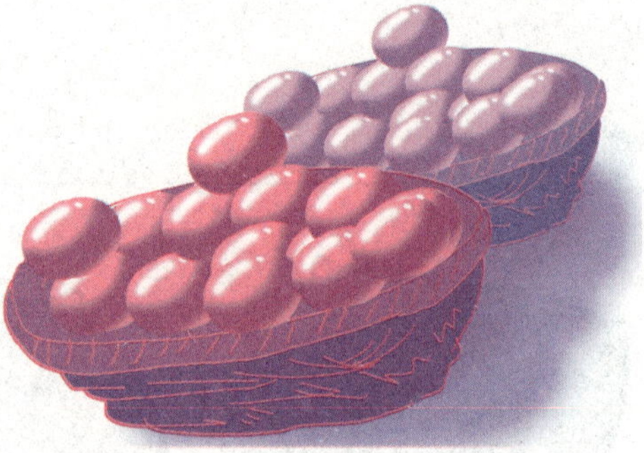

思维点拨

将两人的鸡蛋数量分别设为未知数，再根据题设条件列方程式求解。

042 优雅的溜冰者

时间限制：1分钟
是否完成：是（ ） 否（ ）

优雅的溜冰爱好者珍妮与莫德站在相距一千米的冰面上进行滑冰比赛，她们各自朝着对方站着的地点滑去。

珍妮在一阵猛烈寒风的推动下，滑行速度是莫德的2.5倍，因而比莫德提前6分钟到达。那么，两位爱好者完成赛程各需要用多长时间？

思维点拨

两位溜冰爱好者需要完成的路程是相等的，根据时间乘以速度等于路程的原理，很容易就可求得各自所需的时间。

043 售票员问题

时间限制：1分钟
是否完成：是（ ）否（ ）

售票员询问坐在农夫一旁的男孩子的真实年龄。农夫发现居然有人对他的家人感兴趣，顿时感到受宠若惊。他得意地回答："我儿子的年龄是女儿年龄的5倍，老婆的年龄是儿子年龄的5倍。我的年龄为老婆年龄的2倍，我们所有人的年龄之和正好是祖母的年龄，而今年正好是她81岁的生日。"

请问，小男孩今年几岁？

思维点拨

根据他们各自年龄的倍数关系，将其中一位的年龄设为未知数列方程式即可。

044 狗和老鼠

时间限制：4分钟
是否完成：是（ ）否（ ）

一个小商人买进一些小狗和几对老鼠，老鼠的对数正好是小狗数目的一半。小狗的进价为2个角子，和每对老鼠的价格相等。后来，小商人将它们加价10%售出，自己留下了7只。小商人计算后发现，他获得的钱与买进全部动物所花的钱正好相等。故而，剩下的7只动物的总售价就是他的利润。

剩下的7只动物中究竟有多少只小狗，多少只老鼠？它们一共值多少钱？

思维点拨

最初购回的老鼠的数目与小狗的数目是相等的。

045 相遇问题

时间限制：3分钟
是否完成：是（ ） 否（ ）

某河上下两港相距90千米，每天定时有“超越号”“越洋号”两艘船速相同的客轮从两港同时出发，相向而行。这天，“越洋号”船从上港出发时掉下一物，此物浮于水面顺水而下。2分钟后，浮物与“越洋号”相距1千米，预计“超越号”船出发后几小时与此物相遇？

思维点拨

“越洋号”船顺水而下的速度为船速加上水流的速度。浮物的速度即水流的速度，所以“越洋号”与浮物的速度差为船速。根据“2分钟后，浮物与‘越洋号’相距1千米”，可求出船速，再利用浮物的速度即水流的速度，可以与逆水而上的“超越”号水流速度相抵消。

046 商品的成本

时间限制：5分钟
是否完成：是（ ） 否（ ）

罗伯特先生向商店订购某种商品80件，每件定价100美元。罗伯特先生对商店经理说：“如果你肯减价，每减1美元，我就多订购4件。”商店经理算了一下，如果减价5%，由于罗伯特先生多订购，仍可获得与原来一样多的利润。你能算出这种商品每件的成本是多少吗？

思维点拨

利用减1美元多订4件商品与减价5%所得利润相等，列等式求出每件商品的利润，根据原定价，即可得出每件商品的成本。

047 多少块手帕

时间限制：2分钟
是否完成：是（ ）否（ ）

由于一个怪异的老太太的奇特购货方式，彼得在做完这笔生意后就完全算不清自己的账目了。

老太太先是买了几副鞋带，接着她又买了鞋带数目4倍的针钱包，最后又买了鞋带数目8倍的手帕，共计3.24美元，她买进每件东西所花的美分数刚好等于她买进这种东西的件数。

你能帮彼得算算老太太究竟买了多少块手帕吗？

思维点拨

根据“买进每件东西所花的美分数刚好等于她买进这种东西的件数”可知，每类物品所花的钱是件数的平方。将鞋带的件数设为未知数，根据题意列方程式，很容易就可求得其解。

048 吉姆的烦恼

时间限制：1分钟
是否完成：是（ ）否（ ）

银行出纳吉姆在工作中经常会遇到一些小难题。有一次，来了一位长者，递给他一张200美元的支票，说：“给我换一些1元和2元的纸币，2元的纸币数目必须是1元纸币的10倍，剩下的纸币都换成5元的。”你能帮吉姆找出解决办法吗？

思维点拨

2元的纸币数目必须是1元纸币的10倍，那么1元的纸币数目肯定不能超过10张，而余额又都要换成5元的纸币，那么1元的纸币数目与5元的面额一定要存在倍数关系才能刚好凑成200元这个整数。

049 游行的人数

时间限制：5分钟
是否完成：是（ ） 否（ ）

在圣伯特里克大游行中发生了一件有趣的事情。那是第十七次节日大游行，小伙子们突然发现方阵的最后一排缺了一个人，这对方阵的影响极大。他们不得不补上这个空缺，但是不太容易。按照传统习俗，他们每排站10人，最后一排只剩下9人，有一个空缺；而站11人也不行，他们只能每排站9人、8人……直到每排只站2人了，最后一排仍然有空缺。请问，现在共有多少人参加游行？

思维点拨

游行的人数是不能被2-10中任何一个数整除的数。

050 琼斯的损失

时间限制：5分钟
是否完成：是（ ） 否（ ）

这个问题也称作“果园管理问题”，大约在半个世纪前的伦敦广为流传，甚至英国的一些数学家也解答不了。

“果园管理问题”是这样的，两名男子在市场上卖苹果，其中一位叫史密斯的先生因有事要马上离开，于是，他请琼斯先生帮他把苹果卖掉。两人的苹果同样多。但是琼斯的苹果个头大一些，1分钱卖2个，而史密斯的苹果1分钱卖3个。接受了史密斯的请托后，琼斯先生希望能更公平一些，于是他将两人的苹果合在了一起，2分钱卖5个。

过了一天，史密斯先生回来时，苹果已经全部卖完了。但是，他们分钱的时候发现少了7分钱。正是这个苹果问题让数学家们困惑了很长一段时间。

假如他们平均分配卖苹果的收入，一人一半，那么，琼斯在这次不愉快的合作中损失了多少呢？

思维点拨

先求出以琼斯先生的方式，每卖掉一个苹果他将损失多少钱，然后再根据损失计算他所拥有的苹果总数。

051 聪明的小男孩

时间限制：3分钟
是否完成：是（ ）否（ ）

一位女士在花店买了一束售价34美分的花。她有一张1美元、一张5美分和一张2美分的钞票，而店主只有两枚硬币，不能找这位女士零钱。正不知如何是好时，花店里进来一个机灵的报童，他有两张10美分、一张5美分、一张2美分和一张1美分的钞票。小男孩用他的聪明才智解决了难题，最终，三人都拿到了应得的钱。你想一想，小报童是怎么解决这个问题的。

思维点拨

把三人的钱都放在一起才可以解决这个问题，而且花店老板的钱加上花的价钱应该超过1美元，那么就要先推算一下老板的两枚硬币的面值。

052 孩子们的难题

时间限制：2分钟
是否完成：是（ ）否（ ）

哈尔勒姆的三个男孩在上学的途中迷路了，他们尽力寻找学校的位置。接近午餐的时候，他们还在兔子岛附近转悠。此时，哈里手中有4根法兰克福香肠，托米有7根，而吉米没有。为了支付自己的那一份香肠，吉米拿出了11分钱，分给哈里和托米。如此，三人的支出就相等了。但三个孩子发现，两人要分11分钱和三人要分11根香肠都是一件难办的事情。哈里和托米要怎么分11分钱呢？法兰克福香肠的价格是多少？

思维点拨

吉米为自己的那一份香肠支付了11分钱，那么另外两人也应该支付这么多钱，由此可知11根香肠的总价。

053 哈伯德夫人的方法

时间限制：3分钟
是否完成：是（　）否（　）

哈伯德夫人有一个巧妙的办法计算她的黑莓果酱。她在25个大小不一的罐子里装满果酱，把罐子分别放在柜子的上、中、下三层，如图所示，通过合适的搭配使每层的果酱都是20升。你能想出哈伯德夫人所用的办法吗？

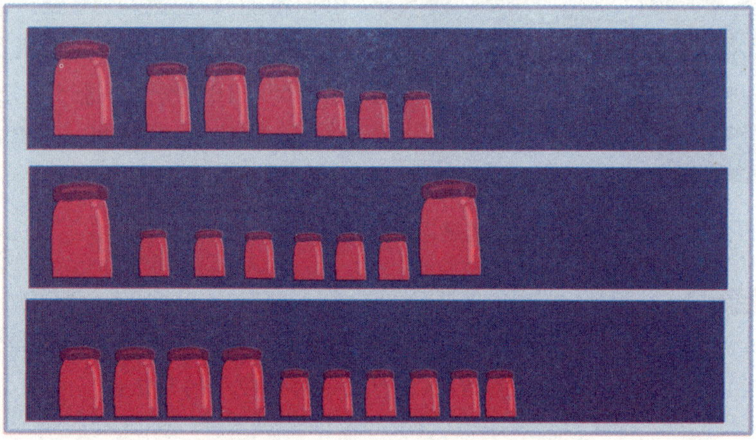

思维点拨

从哈伯德夫人摆放的下层和中层的果酱罐子，我们可以找到大号罐子与中号罐子的等量关系。再通过同样的方法，可以得出中号罐子与小号罐子之间的等量关系。

054 家畜的数量

时间限制：1分钟
是否完成：是（ ）否（ ）

有一个农夫，花100元买了100头家畜。牛一头10元，羊一只3元，猪一头5角。请问，这位农夫各买了多少牛、羊、猪？

思维点拨

价值最便宜的猪数量应是最多的。

055 如何分工

时间限制：3分钟
是否完成：是（ ）否（ ）

霍博斯和诺波斯为斯波斯种一块地。两人发现他们各有专长。霍博斯20分钟撒完一行种子，盖完一行种子则需要3倍的时间；诺波斯撒种子的速度为霍博斯的一半，不过他盖种子的速度同他撒种子的速度是一样的。诺波斯的地有12行，报酬为5美元。如果必须同时完成工作，他们要怎样分工？怎样分配报酬？

思维点拨

先将他们的工作平均分配后，再来计算他们所需的时间是否存在差异。然后根据“他们必须同时完成工作”的题设条件来确定该如何分工、分配报酬。

056 马车轮的印迹

时间限制：3分钟
是否完成：是（ ）否（ ）

图中的这位先生正在展现自己驾驭马车做圆周运动而不致翻车的能力。马车的两个车轮在车轴上保持一米的法定距离，且在外圈上运动的车轮转两圈，在内圈上运动的车轮就会转一圈。现在要求你计算一下，马车外侧轮子留下印迹的圆周长是多少？

思维点拨

由于外轮的转速是内轮的两倍，所以外圆周长是内圆周长的两倍。再想一想外轮与内轮之间的一米与外圆的半径存在什么关系。

057 小猪的数量

时间限制：3分钟
是否完成：是（ ）否（ ）

憨厚老实的哈德最近急需用钱，贫穷的他却找不到可以借款的人。于是，他只好挑着两筐小猪到集市上去卖。刚放下担子，就有一个长络腮胡子的人走过来对他说："我要买你两筐小猪中的一半零半头。"话音刚落，又过来一个胖太太说："你如果卖给他，我就买他剩下的一半零半头。"没等哈德答话，又挤过来一个瘦脸老头说："你若卖给他俩，我就买他俩剩下的一半零半头。"哈德一听傻了眼，心想：小猪哪有卖半头的，这不是存心让我为难吗？但仔细一想，又答应了。因为两筐小猪正好可以卖完。

现在只知哈德的小猪总数不超过10，请你猜猜看，哈德一共卖了多少头小猪？他们三人各买了多少头？

思维点拨

将哈德的小猪总数设为x，再根据题设条件列方程式即可求得其解。

058 畅销的烧鸡

时间限制：3分钟
是否完成：是（ ）否（ ）

在一家烧鸡店，有一天，两个顾客来买最后一只烧鸡，这只烧鸡重2千克。甲顾客用29.6美元买了鸡身，乙顾客用8.2美元买了鸡腿。而鸡腿每千克比鸡身要贵2

美元。那么，鸡身和鸡腿各重多少？

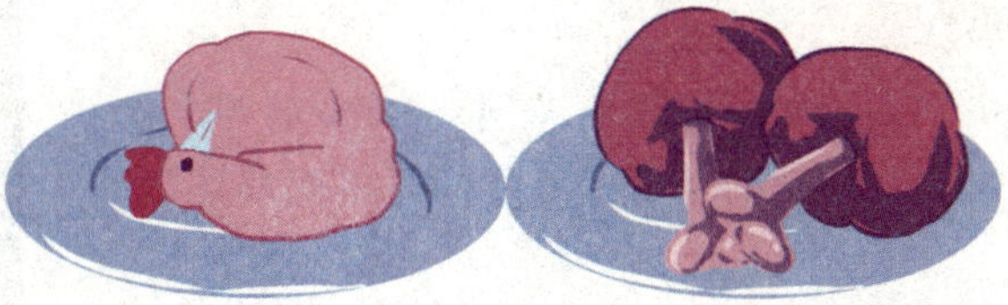

思维点拨

将鸡身的单价和重量分别设为未知数，根据题设条件列方程式即可求得其解。

059 工人们的难题

时间限制：2分钟
是否完成：是（ ） 否（ ）

一位电工接到一个施工合同，要求他在后墙装一个话筒，与前门的按钮相连接。管理员可以借此提醒滔滔不绝的演讲人在什么时候停止演讲。工人们对这根电线的长度讨论了很久，你能够帮他们解决这一问题吗？

大厅宽3.66米，高3.66米，长9.15米。要求必须紧贴墙、天花板或地面布线，话筒位置在后墙的正中央，离天花板的距离为0.915米，按钮在前墙的正中间，离地面0.915米。现在不去想墙的厚度，也不去考虑电线是否是双股这些问题。那么，最短需要多长的电线？

思维点拨

先将大厅用平面图的方式展开来，再找到话筒与按钮之间最短距离的路线进行运算。

060 多少张邮票

时间限制：1分钟
是否完成：是（ ） 否（ ）

史密斯小姐拿出1美元对邮局的人说：“我要买一些1美分和2美分面值的邮票，前者必须是后者的10倍，其他的给我面值5美分的邮票。”

那么，她要用1美元买多少张邮票？

思维点拨

1美分的邮票张数必须是2美分的邮票张数的10倍，那么2美分的邮票肯定不能超过5张。

061 羊群的数量

时间限制：2分钟
是否完成：是（ ） 否（ ）

甲赶了一群羊在草地上往前走，乙牵了一只肥羊紧跟在甲的后面。乙同甲说："你这群羊有100只吗？"甲说："如果再有这么一群，再加半群，又加1/4群，再把你的一只凑进来，才满100只。"

请问：甲原来赶的那群羊有多少只？

思维点拨

将甲的羊群数量设为未知数，根据题设条件列方程式即可求得其解。

062 火腿的价值

时间限制：3分钟
是否完成：是（ ） 否（ ）

一位德国农夫知道怎么卖火腿，但他的数学却不怎么样。一天，他和往常一样推了一车子火腿出去向邻近居民零售或者批发。农夫不想费脑筋计算，他以每根1.25美元为固定单价出售火腿。他不想把火腿切开出售，可是，如果顾客愿意为半根火腿支付一根火腿的价格，他还是很乐意的。当然，这些顾客也和他一样，对数学所知甚少。

这天，他遇到的第一个顾客看火腿不错，就买了整车火腿的一半再加上半根。第二个顾客出手也同样大方，他买了剩下的火腿的一半再加上半根。然后农夫又推着车子去另外一个地方卖，农夫在这里又卖出了剩下的火腿中的一半再加上半根。之后，农夫来到一个大旅店，老板不在家，他就说服老板娘买了余下火腿的一半再加上半根。农夫继续朝前走，没走多远，他遇到旅店老板，老板还不知道自己的老婆已经买过火腿了，就向农夫买了半根火腿，然后又买了剩下火腿的一半。老板还让他的朋友也买了剩下的火腿的一半再加上半根。这笔生意做完之后，农夫的货物已全部卖完。你知道农夫的这车火腿共卖了多少钱吗？

思维点拨

先要计算出农夫的火腿数量，另外要注意的是农夫的半根火腿会以一根的价钱出售，如果顾客所买的火腿——之前剩下的一半再加上半根刚好是一个整数时，则这里所谓的“半根”当然不需以整根的价钱来计算。

063 克劳德的计划

时间限制：5分钟
是否完成：是（ ） 否（ ）

这里有一道趣题说明了正确估算养鸡作坊的利润和制订有保障的未来计划有多么的重要。气愤的父亲质问女儿：“如果你嫁给这个没本事的小子，你打算拿什么生活呢？”女儿回答说：“亲爱的父亲，克劳德有办法，他都计划好了。他在今年春天会买一些小鸡，到秋天时会孵出很多小鸡，我们就会把多余的小公鸡卖出一批，保持公母鸡比例不变，然后用这笔钱筹办婚礼。第二年年底，我们会再卖出一批，积蓄够我们日常花销的钱。第三年，我们将拥有6468只小鸡。在这小鸡处理之后，我们就可以偿还3000美元的房贷，我知道您对这很忧心。”

在讲这些话的时候，他们还在纸上做着详细严密的计算，严厉的父亲听完后也答应了女儿的婚事。然后，他们举行了婚礼，也贷款买了房子，约定好了还款时间，并且有意把还款期多延长了一点，以防万一。

如果孵出的每窝小鸡都有12只，其中公鸡母鸡各占一半，且在孵出小鸡时，应卖出多余的公鸡以保持母鸡和公鸡数量是10∶2的比例，那么，要达到预期目的，克劳德必须在第一年春天买入多少只小鸡？

思维点拨

克劳德在第一年春天买入小鸡时就得按10∶2的比例购买母鸡和公鸡。到年底收获小鸡后，别忘了将原有的鸡加在一起来计算，而且要在保持母鸡和公鸡10∶2的比例的情况下卖小公鸡，而卖掉的小公鸡的数量也要以鸡的总数来计算。

064 混合牛奶

时间限制：2分钟
是否完成：是（ ）否（ ）

一个桶中有10升牛奶，另一个有10升纯水。现在，约翰将第一个桶中的1/4升牛奶倒入第二个纯水桶中，形成40∶1的混合物。而他希望两个桶中的混合牛奶体积相等，于是，他又把第二个桶中的1/4升混合物倒入第一个桶中。请问，第一个桶中的水的含量比第二个桶中牛奶的含量多多少？

思维点拨

要注意的是第一个桶中的水的含量与第二个桶中的牛奶的含量，可以通过各桶中牛奶与水的比例来进行计算。

065 送奶工的纯牛奶

时间限制：3分钟
是否完成：是（ ）否（ ）

一位送奶工每天清早在出发之前，都要把纯牛奶装满两个16升的牛奶桶。他的客户分别居住在4条不同的街道，每条街道需要的牛奶量是相等的。向第一条街送完牛奶后，送奶工用水龙头里的水补满他的牛奶桶。然后，他又为第二条街的客户送牛奶，送完后又回到自来水龙头前，和刚才的做法一样，又把牛奶桶补满。他

用这种办法向每条街道送牛奶，每送完一条街道就用水把牛奶桶补满，直到所有的客户都取到牛奶为止。当所有的客户得到了牛奶，桶中还剩下10.125升的纯牛奶。请算算，每条街道各分到了多少升纯牛奶。

思维点拨

从第二条街道的牛奶开始，要根据整个桶中的纯牛奶量计算出每次加满水后牛奶与水的比例，然后再根据送给客户的混合牛奶算出每次送出的纯牛奶量。

066 钱要如何分配

时间限制：2分钟
是否完成：是（ ）否（ ）

弗兰克和萨米用48美分购买了一个西瓜，弗兰克出了30美分，萨米出了18美分。他们将按照这个比例来分西瓜。正在此时，比利从这里经过，他们两人以全价把西瓜的1/3卖给了比利。比利走后，他们两人平分了剩下的西瓜。可是，他们又该如何分钱呢？

思维点拨

卖掉西瓜的钱和剩下的西瓜，弗兰克和萨米都应按照原来出钱的比例5：3来分配。但由于卖掉1/3的西瓜后，他们两人平分了剩下的西瓜，所以萨米应将多分食的那一份西瓜折成钱还给弗兰克。

067 有奖销售

时间限制：3分钟
是否完成：是（ ）否（ ）

一则商业广告这样写着：凡在本商场一天之内购物金额累计满40元者可领取奖券一张，共发行10万张奖券。设特等奖2名，各奖2000元；一等奖10名，各奖800元；二等奖20名，各奖200元；三等奖50名，各奖100元；四等奖200名，名奖50元；五等奖1000名，各奖20元。

这种有奖销售和实行九八折的销售方式相比较，哪一种让利给顾客的多？

思维点拨

先将奖金的总金额计算出来，再根据销售总金额算出奖金总金额所占的百分比，再与九八折所占的百分比进行比较。

068 开快车

时间限制：2分钟
是否完成：是（ ）否（ ）

安德鲁开着一辆灰色的小汽车去接女友，到达时女友看了看手表说："真准时！不过我敢打赌，你一定开快车了！"安德鲁摇摇头，笑着说："我一点儿也没开快车，只不过准时动身罢了。如果我平均每小时加快6千米，我就会提早5分钟到达这里。但是，如果我平均每小时减慢5千米，我就会迟到6分钟。"

想想看：安德鲁开车行驶了多少路程？

思维点拨

将安德鲁开车行驶的路程和行驶的速度分别设为未知数，再根据题设条件列方程式即可求解。

069 过桥的时间

时间限制：2分钟
是否完成：是（ ）否（ ）

漆黑的晚上，四个小孩结伴去玩，走到一座狭窄而且没有栏杆的桥边。如果没有手电筒照明的话，几个小孩是不敢过桥的。很不巧的是，四个小孩中只有一个人带了手电筒，而这座桥只能承受两个小孩的重量。如果各自单独过桥的话，需要的时间是3、4、6、9分钟。如果两个人同时过桥，所需要的时间就是比较慢的那个人单独过

桥所需的时间。你能帮他们设计出一个完美的方案，让这四个小孩用最快的时间过桥吗？

思维点拨

每次都需有一个人返回送手电筒，而为了节省时间，只有让速度快的两个人来做这件事。

070 装修房子

时间限制：2分钟
是否完成：是（ ）否（ ）

丘比打算装修一间房子，发现通过组合的方式签合同，比与工人单独签合同更好。比如他签了这样一个合同：

裱褙工人和油漆工：1100美元；

油漆工和水管工：1700美元；

水管工和电工：1100美元；

电工和木工：3300美元；

木工和泥瓦匠：5300美元；

泥瓦匠和裱褙工人：2500美元。

其中有一组工人的工钱差额为100美元。那么，丘比要修好这间房子，需向工人各支付多少钱？

思维点拨

丘比需要支付的工钱的总数是不会变的。

071 奶牛的进价

时间限制：2分钟
是否完成：是（ ）否（ ）

农夫琼斯以210美元卖出两头奶牛。他在一头奶牛上赚了10%，而在另一头奶牛上却亏损了10%。不过总的算来，他还是赚了5%。那么，两头奶牛的进价各为多少？

思维点拨

先根据“琼斯以210美元卖出两头奶牛”，但他最终“赚了5%”这个条件求得两头奶牛总的进价。

072 聪明的奥特利

时间限制：3分钟
是否完成：是（ ）否（ ）

奥特利花243美元买了一块地，把地分成若干小块后，他又卖还给原来的地主，卖价是每小块18美元。成交后，他赚到的钱应等于六小块地按买价计算的价值总和。那么，他将地分成了多少小块出售？

思维点拨

将若干小块地设为未知数，并根据题中的已知条件列方程式便可求得它的解。

073 购置一幢别墅

时间限制：2分钟
是否完成：是（ ）否（ ）

史密斯先生和妻子准备在郊外购置一幢小别墅。史密斯先生说：“如果把你的钱拿出3/4给我，再加上我的钱，我们就可以买一栋价值5000美元的房子，而你剩

下的钱还可以购买屋后的小树林和小溪。”

“绝对不行！”妻子回答说，“如果把你的钱拿出2/3给我，再加上我自已的钱，我们就可以买下那栋房子，而你手头余下的钱，正好可以买下小树林和的小溪。”

那么，小树林和小溪值多少钱？

思维点拨

将史密斯夫妇各自拥有的钱分别设为未知数，根据题意列方程式求得其解，即可得知小树林和小溪的价值。

074 工资和工时

时间限制：5分钟
是否完成：是（ ）否（ ）

史密斯买下一个农场，他聘请了三个外国人为他工作。他要每天支付工头1.1美元，杂工1美元，助手90美分，平均每人每天1美元。但到了第二天，有两人同时来要求缩短每天的工作时间，并增加工作天数。史密斯觉得他们的要求还是合情合理的，就增加了两人的工资，他们两人也很满意。一个季度结束后，史密斯为总共303天的工时向每人支付了101美元。请计算一下他们的工资和工时各是多少？

思维点拨

两个要求缩短每天的工作时间、增加工作天数的人，他们第一天的工资和之后的工资数目是不同的。

075 公交车上的乘客

时间限制：3分钟
是否完成：是（ ）否（ ）

小马乘公交车去上班，这辆公交车只在起点站的时候让上人，在中途只能下人，不能上人。小马上车的时候，公交车上人非常多。在第一站停靠时，公交车上下了所有乘客的1/6，第二站下了剩下乘客的1/5，随后的几站分别下了余下乘客的1/2、3/4和2/3，最后这辆公交车上到终点站还剩3个乘客。你知道小马乘坐的这辆车一共有多少个乘客？在每个站各下了多少个乘客？

思维点拨

这道题要运用逆向推算法，从终点站剩下的人数开始往回推算，就可以得出结果。

076 剧院的观众

时间限制：2分钟
是否完成：是（ ）否（ ）

一个剧院在上演精彩节目，刚好120个座位全坐满了观众，而全部入场费刚好为120美元。剧院的入场费收取办法是：男子每人5美元，女子每人2美元，小孩子则每人0.1美元。那么，你可以据此算出男、女、小孩各有多少人吗？

思维点拨

由于120个座位刚好收了120美元入场费，可知小孩的人数应是最多的。

077 精明的胡特太太

时间限制：3分钟
是否完成：是（ ）否（ ）

胡特太太是个精明的家庭主妇，她在周末瓷器促销时花了1.3美元购买盘子。

促销活动时期，所有商品的价格比原价格降低了2美分。星期一时，她以原价把盘子都退了，换成了杯子和碟子。根据现在的价格，一个盘子的价格与一个杯子和一个碟子的价格相等，所以她多换得了16样东西。碟子价钱较低，只值3美分，所以胡特太太多换了10个碟子。如果是在周末，她用相同的钱能买到多少个杯子？

思维点拨

根据题意可知，胡特太太换得的碟子和杯子的总价值是1.5美元，而碟子比杯子的个数要多10个，碟子加杯子的总数比盘子的个数要多16个。

078 一个人的年龄

时间限制：1分钟
是否完成：是（ ） 否（ ）

一个人在公元前10年出生，在公元10年的生日前一天死去。请问：这个人去世时是多少岁？

思维点拨

要注意年号里没有称为0年的年，而生日前一天与后一天之差，在年龄上就差了一岁。

079 扎克的工钱

时间限制：3分钟
是否完成：是（ ） 否（ ）

从前，大地主古依木让一个叫扎克的长工给他做工，答应每年给一头牛的工钱。到了年底，古依木没有付给扎克工钱，而是让他将工钱存在自己那里将来一起结账。老实的扎克同意了。19年过去了，扎克年老力衰，古依木就想把他辞退。一天，古依木把扎克叫来，说：“你在我家做了19年，现在我给你19斤油，你走吧！”扎克一听急了，说：“老爷，你讲的每年给‘一头牛’的工钱，怎么变成‘一斤油’了？”但古依木不认账，给了扎克19斤油就将他赶出了门。

聪明的阿凡提知道这件事后，准备帮扎克要回他的工钱。于是，他和扎克来到

古依木的家里，对古依木说：“扎克想做个小生意，特来借三两银子，由我作保，不知老爷肯不肯。”古依木见阿凡提不是来帮扎克算工钱的，就说：“有阿凡提先生作保，当然可以。扎克是老实人，年息对本对利就行了。”于是，写好了借据。古依木正要去拿银子，阿凡提拉住他，说：“办事情要公平，借你的钱是对本对利，那么，扎克每年一斤油存在你这里，也应该对本对利吧？”古依木心想19斤油的利钱能有多少，大不了几百斤油吧！就说：“好吧，看在阿凡提先生的面上，算出多少，我照付就是了。”

于是，阿凡提拿过算盘说：头一年，工钱1斤，第二年加利息1斤，加工钱1斤，共3斤，第三年是7斤，第四年是15斤……算出的结果把大地主古依木吓得目瞪口呆。最后连连央求：“阿凡提先生，请你向扎克说说好话，我情愿还他19头牛的工钱！”结果，扎克就顺利地拿到了19头牛的工钱。

请你算一算：每年1斤油，按照古依木对本对利的算法，19年的本息账，到底是多少？

思维点拨

按照对本对利的算法，头一年的本金和息钱到了第二年都要翻倍。

080 牛奶和水

时间限制：3分钟
是否完成：是（ ）否（ ）

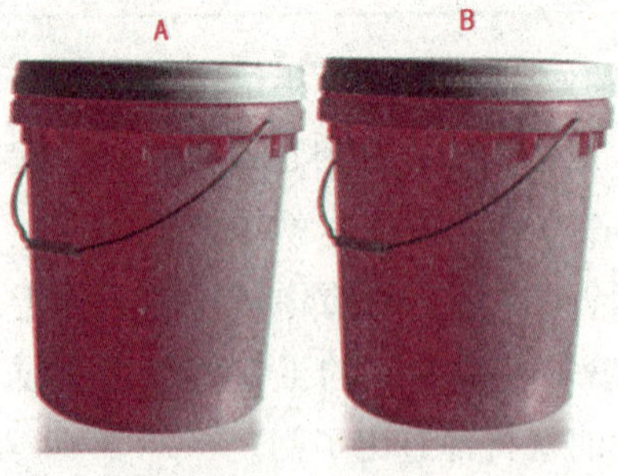

卖牛奶的人有一个桶里盛着纯净的矿泉水，另一个桶里盛着牛奶，由于乳脂含量过高，必须用水稀释才能饮用。现在把A桶里的液体倒入B桶，使其中液体的体积翻一番，然后把B桶里的液体倒进A桶，使A桶内的液体体积翻番。最后，将A桶中的液体倒进B桶中，使B桶中液体的体积翻番。此时发现每个桶里盛有等量的液体，而在B桶中，水要比牛奶多出1升。现在问，开始时有多少水和牛奶？在结束时，每个桶里又有多少升水和牛奶？

思维点拨

在开始时，两个桶中的牛奶量都不是一个整数。

081 文具的价钱

时间限制：2分钟
是否完成：是（ ） 否（ ）

2支圆珠笔和1个橡皮擦是3元钱；4支钢笔和1个橡皮擦是2元钱；3支铅笔和1支钢笔再加上1个橡皮擦是1.4元。你知道奇奇买1支圆珠笔、1支钢笔、1支铅笔和1个橡皮擦应该付多少钱吗？

思维点拨

先将各文具之间的等式关系列出来，然后将每一样文具都拼凑成3个后，再用这些的和除去3，就是1支圆珠笔、1支钢笔、1支铅笔和1个橡皮擦的价钱。

082 牛奶不足的问题

时间限制：5分钟
是否完成：是（ ） 否（ ）

有一天，牛奶店的老板发现自己的牛奶满足不了顾客的需求。为了不使顾客流失，他挖空心思想了一个办法来解决这一问题：他用足够多的清水来稀释牛奶，刚好能满足全体顾客的需要。他仔细检查后发现自己有充足的清水，他在一个桶里倒入了足够满足所有顾客所需的清水。

他是按照下面的方法将它们混合在一起的：从装水的1号桶向装牛奶的2号桶倒入足够的水，使2号桶液体体积比加水前增加一倍；将2号桶中的混合物倒入1号桶，倒出的体积和此前留在1号桶内的水体积相等；然后，为了确保得到所需的浓度，他又将1号桶中的混合物倒出一些倒入2号桶，使2号桶的混合物体积再次加倍，这样正好

使两只桶的混合物体积相等。2号桶中水比牛奶多8升。然后，他以8美分/升和10美分/升的价格出售两个桶的混合物，而他的成本为2美分/升。那么，牛奶店的老板将获利多少？

思维点拨

先计算出两只桶最后一次混合后桶中的混合物体积数。

083 牛群问题

时间限制：8分钟
是否完成：是（ ）否（ ）

太阳神有一个牛群，由白、黑、花、棕四种颜色的公牛母牛组成。在公牛中，白牛多于棕牛，多出之数相当于黑牛数的（1/2+1/3）；黑牛多于棕牛，多出之数相当于花牛数的（1/4+1/5）；花牛多于棕牛，多出之数相当于白牛数的（1/6+1/7）。在母牛中，白牛数是全体黑牛数的（1/3+1/4）；黑牛数是全体花牛数的（1/4+1/5）；花牛数是全体棕牛数的（1/5+1/6）；棕牛数是全体白牛数的（1/6+1/7）。请问：白、黑、花、棕色的公牛与母牛各有多少？

思维点拨

将公牛与母牛按颜色分别设为未知数，再根据题设条件列方程求解。

084 自行车运动

时间限制：2分钟
是否完成：是（ ）否（ ）

四名自行车运动员各在一个1/3千米长的圆形跑道上训练。他们同时从各自跑道上的黑点出发，速度分别为每小时6、9、12和15千米。

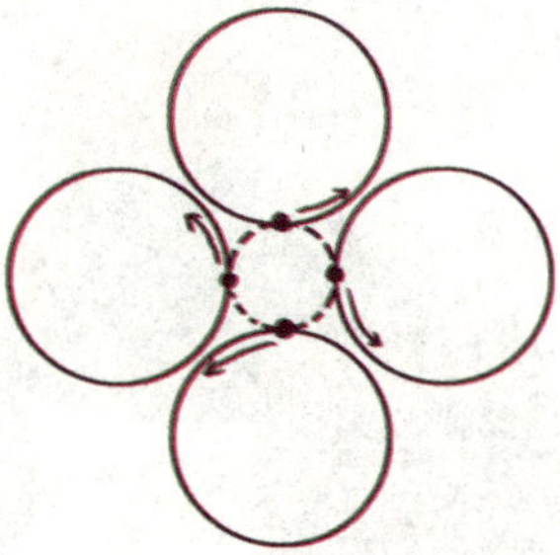

训练共进行20分钟，问其间他们同时经过或回到各自出发点多少次？

思维点拨

将20分钟化为1/3小时来计算。

085 女子的年龄

时间限制：2分钟
是否完成：是（ ）否（ ）

"你问我的年龄？"一位女子微笑着向提问者说，"你得猜一猜，你把我年龄的两位数字颠倒过来，除以3，再加上34，这样就得到我的年龄了。"

请你根据她的这些话算出她的年龄。

思维点拨

将这位女子的年龄的个位数和十位数分别设为未知数，然后根据题设条件列方程即可求解。

086 合伙经营

时间限制：1分钟
是否完成：是（ ）否（ ）

布朗与琼斯两人合伙经营一家老商行，布朗的投资额度是琼斯的1.5倍。后来，他们决定接受鲁宾孙入股。鲁宾孙向商行投入了2500美元，之后布朗与琼斯两人将按比例分配这笔投资。分配完后，三人的股份正好相等。

问题是：布朗与琼斯怎样分配这2500美元？

思维点拨

从"鲁宾孙向商行投入了2500美元，之后布朗与琼斯两人将按比例分配这笔投资。分配完后，三人的股份正好相等"这句话可以算出商行的总投资，也即是之前布朗和琼斯投资的总和。

087 牧场问题

时间限制：3分钟
是否完成：是（ ）否（ ）

在汉斯的牧场里，他的羊和鹅的食量和一头奶牛的食量一样。牧场的草可以养活一头奶牛和一只羊45天，养活一头奶牛和一只鹅60天，养活一只羊和一只鹅90天。请问：能分别养活一头奶牛、一只羊和一只鹅多少天？

思维点拨

不要忽略了牧场每天会有新长出来的草。

088 罗斯林勋爵赌博法

时间限制：5分钟
是否完成：是（ ）否（ ）

两个小伙子带着相同数额的钱，打算在赛马中采用罗斯林勋爵赌博法，即把赌注压在最劣的马身上，而且押下的赌金等于赌博公司开出的这匹马对1美元的赔率。吉姆把赌注压在劣马科希努尔身上，赌它能赢得第一，而杰克则认为它可得第二。于是，他们根据不同的赔率，第一为15：1，第二为10：1，押下了不同的赌注，尽管这两笔赌注相加起来用去了他们所带赌金之和的一半。结果，他们竟然都赢了。赢了钱后，现在吉姆身上的钱是杰克的两倍了。如果必须是以整数美元作为赌注，那么他们各赢了多少钱？

思维点拨

在赢得赌博后，他们之前所下的赌注还是属于自己的。因此，他们赢钱后身上的钱数是赢得的钱加上原有的钱的数量。

089 救济款问题

时间限制：3分钟
是否完成：是（ ）否（ ）

一位好心的女士每周都为一些特别困难的人捐救济款。她说：“如果减少5个人的话，每人就可以多得到2元。每一位被救济的人都希望其他人没有来。但是，第二周领救济款的时候，不仅没有缺一个人，而且还多了4个人。这样，他们每人领到的救济款就比以前少了1元。你知道在第一星期他们每人得到了多少元吗？

思维点拨

根据减少5个人，每人可以多得到2元钱，可以求得他们第一个星期每人得到的钱数与减少5个人后的人数的比例关系。再根据后面的条件求得具体的人数及所得救济款数。

090 羊群里的羊

时间限制：1分钟
是否完成：是（ ）否（ ）

一个木匠帮人修羊圈。他看到，修建一个正方形的羊圈比修建一个长方形的羊圈要少用两根桩子。他说："不管是修成什么形状的羊圈，所关的羊都是同样多的。不过，正方形羊圈的每根柱子上都可以拴一只羊。"请问，这个羊群里至少有多少只羊呢？

思维点拨

要注意"不管修成什么形状的羊圈，所关的羊都是同样多的"这句话。

091 比蒂的年龄

时间限制：1分钟
是否完成：是（ ）否（ ）

比蒂对自己的年龄非常敏感。40年前，有人问起她的年龄，她总是用下面这首打油诗作答："五乘七加上七乘三，再加上我的年龄，再减去六乘九加四，等于我的年龄的两倍减去二十。"

那么，你能算出比蒂现在的年龄吗？

思维点拨

在比蒂的打油诗中，"减去六乘九加四"实际上就是减去58。

092 修女们的难题

时间限制：5分钟
是否完成：是（ ）否（ ）

图中的修道院是一幢三层建筑。上面两层的每一面都有6个窗子，每层有8个房间，全部用作修女们的卧室。顶层每个房间的窗都比第二层房间的多，住在顶层的人数比住在第二层的人数多1倍。修道院院长是一个严格刻板的人，她严格遵循着修道院创始人立下的规矩，坚持要把修女们分开安排，让每个房间都有人住，顶层的人数是第二层的两倍，且修道院的每一个侧面的6个房间的总人数都必须刚好是11个。当然，这个问题只涉及建筑物的上两层，完全不必考虑它的底层。

后来发生了一场战争，外国军队经过这里之后，修道院里的9个年轻修女无端失踪了。大家坚信是外国军队掠走了她们。为了不使院长伤心，发现这个不幸消息的修女在寻找失踪修女的同时，还要设法加以掩盖。她发现，可以通过重新调整每个房间的修女人数将真相隐瞒。所以，她们一起调整了房间，院长晚上绕着修道院巡视时会看到每个房间都有人住，每一面的总人数都是11人，而且顶层的人数还是第二层人数的两倍。她不会发现有9个修女已经失踪了。那么，请问现在修道院里的修女，是如何安排房间的？

思维点拨

可以先将顶层和第二层原有的人数安排分开排列出来，失踪9人后的人数安排要充分利用处在角上房间的人数是共用的这个特点。

093 “国王”与“魔鬼”的斗争

时间限制：3分钟
是否完成：是（ ）否（ ）

在泰国，人们喜欢玩一种斗鱼的游戏，他们有两种斗鱼。一种又肥又白，称作“国王”；另外一种又黑又小，称为“魔鬼”。两种鱼相互敌对，只要一相遇就会打斗至死。一条“国王”大鱼可以对付一到两条“魔鬼”小鱼，不过小鱼的战术方法灵活多变，它们会联合作战。一条大鱼与3条小鱼实力相当，如果照这样打斗下去，那么就算打斗几个小时也不会出什么结果。而若4条小鱼对付一条大鱼，只需3分钟就可以把大鱼杀死，而5条一起发动致命一击的时间则按比例减少。那么，4条“国王”大鱼对付13条“魔鬼”小鱼，谁会最终获胜？

思维点拨

可以先将小鱼的力量均分来牵制大鱼，看有没有多余的力量杀死大鱼。如果有，杀死大鱼后，这些小鱼就可以腾出力量来和其他的小鱼一起对付大鱼了。

094 渡轮问题

时间限制：3分钟
是否完成：是（ ） 否（ ）

两艘渡轮同时从河的两岸出发，其中一艘渡轮时速较快，它在离对岸720米处与另一艘渡轮相遇。到达对岸后，两艘渡轮各停靠10分钟上下客人，然后各自返航。两艘渡轮在距离另一岸400米处再次相遇。你能否从上面给出的这些数据中算出河有多宽？

思维点拨

两艘渡轮到达对岸各自停靠的时间长短对该题是没有影响的，思考一下两艘渡轮所行驶的总路程与河宽存在什么样的倍数关系。

095 谁会取胜

时间限制：3分钟
是否完成：是（ ） 否（ ）

在过去，人们经常会利用土豆进行赛跑比赛，以此增加运动的娱乐性。在这种比赛中，比赛的规则就是用100只土豆在地上排成一条直线，每两只土豆间隔10米，要求参赛队员将它们拾起来放到距离直线起点10米的一个篮子里去。有时候，如果是两个男孩比赛，年长的选手或者速度快的选手必须让另外选手一只甚至多只

土豆。举例来说，汤姆和哈里比赛，如果哈里处于弱势，他就有权选择拾起一只土豆并将它放回篮子里，然后汤姆才真正开始比赛。

一次比赛中，由于汤姆的速度要比哈里快2.04%，汤姆同意让哈里捡回一只土豆。故而，为了赢取比赛的胜利，汤姆必须在哈里捡回49只土豆之前捡回50只土豆。我们看到，第一只土豆是汤姆让哈里先捡回来的，而比赛的结果正取决于哈里选择第几个土豆作为第一只。你知道谁会取胜吗？请记住，汤姆的速度比哈里快2.04%。

思维点拨

先要计算出捡回100只土豆需要跑的距离，另外不要忽略了题中提到的：比赛的结果取决于哈里选择第几个土豆作为第一只。

096 妈妈的年龄

时间限制：3分钟
是否完成：是（ ）否（ ）

一家三口的年龄之和为70岁。爸爸的年龄为儿子的6倍。当他们3人的年龄达到70岁的两倍时，爸爸的年龄将是儿子的两倍。那么请问，妈妈现在的年龄是多少？

思维点拨

这个三口之家中，有两个人的年龄都不是整数。

097 孩子们的十字面包

时间限制：2分钟
是否完成：是（ ） 否（ ）

在过去的纽约街头，人们经常会听到一种关于热十字面包的叫卖声：

“热十字面包，热十字面包，一个1分钱，两个还是1分钱，如果你的女儿不爱吃，那就给儿子！两个1分钱，三个2分钱，热十字面包，你的女儿和儿子一样多，给他们7分钱，够他们买面包。”叫卖声清楚地显示，共有三种售价不同的面包：一种是1分钱1个，另一种1分钱两个，还有一种2分钱三个。女儿和儿子一样多，他们共得到了7分钱。若每个孩子拿到的面包完全相同，那么，每个孩子能买多少个面包？

思维点拨

每个孩子拿到的面包完全相同，则购买的1分钱两个的面包和2分钱三个的面包的数量是相等的。

098 寓言中的老鹰

时间限制：1分钟
是否完成：是（ ） 否（ ）

在古老的伊索寓言中有一个关于老鹰的故事：一只野心勃勃的老鹰拼尽全力地想飞到太阳上去。每天早上太阳初升的时候，老鹰就朝着太阳飞去，一直飞到中午。然后，当太阳开始西落时，老鹰就向相反的方向往西飞去。老鹰就这样坚持着它永无希望的追逐。当太阳消失在西方地平线上时，老鹰发现自己正好回到了开始的出发点。

故事的确有点意思，不过伊索的计算本领却难以让人恭维了，老鹰上午是和太阳相对着飞行的，而下午则是和太阳同方向飞行的。显然，下午的飞行路程比上午稍微长一点。如此，老鹰其实每天往西移动了800千米。假设老鹰从美国华盛顿国会大厦的圆穹门出发，自这个位置绕地球一圈的长度为31200千米，老鹰在大地上的飞行高度较之于飞行距离太小，所以可以忽略不计。每天日落时分，它将飞到离早上起飞点以西800千米的位置。那么，如果老鹰于1896年1月1日（星期三）从国会大厦开始起飞，它再次回到起点是什么时候？

思维点拨

这道题所问的实际上就是老鹰以800千米/天的速度绕地球一周所需的时间。

099 汤姆的年龄

时间限制：3分钟
是否完成：是（ ）否（ ）

玛丽和汤姆是夫妻。2月29日，玛丽说："汤姆，我们初次见面时你的年龄是我的年龄的3倍。我现在的年龄和你那时的年龄一样。若我的年龄到了现在年龄的3倍，我们两人的年龄之和刚好100岁。"

请问，你知道在下一个2月29日汤姆是多少岁吗？

思维点拨

要注意玛丽的年龄增加数，与丈夫的年龄增加数是相等的。求出了现在的年龄后，要注意玛丽说这话的那天的日期。

100 打高尔夫球

时间限制：3分钟
是否完成：是（ ）否（ ）

打高尔夫球是许多人都喜爱的一项运动。在这些人当中，有一个高手，他用数学知识设计了一个获胜的妙招。他说："如果直接向球洞击球，只用两种击球距离就可以轻易取胜。"球场有9洞，距离分别为150、300、250、325、275、350、225、400、425码，假如每次击球，球都会飞满足够长的距离，而且你可以到球穴的另一边，用任意一种方法往回打。那么，

怎样击球才能使击球杆数最少？（注：1码=0.9144米）

思维点拨

注意洞球之间距离的规律。

101 答题情况

时间限制：3分钟
是否完成：是（ ） 否（ ）

数学考试卷上有6道大题，在50名考生中，答对的共有202人次，其中每个人都至少答对了2道题。答对2道题的有5人，答对3道题和答对5道题的人数一样多，答对4道题的有9人。据此，你能算出全部答对的有几个人吗？

思维点拨

如果50名考生全部答对则有300人次，再根据答对题的次数就可求出答对3道题和答对5道题的人数。

102 女孩们的栗子

时间限制：3分钟
是否完成：是（ ） 否（ ）

这个有趣的题目讲的是三个采栗子的小女孩，她们商量好了按年龄大小分配栗子。这里面包含着一道趣题，它可能会让一些读者难以下手。但是，这些女孩却从没有被这些算术题目难住。三个小女孩一共采到了770颗栗子，她们打算像以往那样，根据年龄的大小按比例进行分配。以前，当玛丽拿4颗栗子时，尼莉拿3颗；而每当玛丽拿到6颗时，苏西可以拿7颗。那么，每个女孩子各可分到多少颗栗子？

思维点拨

将玛丽与苏西的比例翻一倍，再通过玛丽与尼莉之前的比例关系，可以求得三人之间的年龄比例关系。

103 扶梯的梯级

时间限制：1分钟
是否完成：是（ ）否（ ）

商场的自动扶梯以匀速由下往上行驶，两个孩子嫌扶梯走得太慢，于是在行驶的扶梯上，男孩每秒钟向上走2个梯级，女孩每2秒钟向上走3个梯级。结果男孩用40秒钟到达，女孩用50秒钟到达。当该扶梯静止时，可看到的扶梯梯级有多少？

思维点拨

将扶梯运行的速度设为未知数，再根据题意列方程式即可求得其解。

104 玩牌人的本钱

时间限制：5分钟
是否完成：是（ ）否（ ）

迈克和科比、汉斯玩牌，第一局迈克输了，科比和汉斯赢到的筹码和他们原来的筹码一样多。第二局科比和迈克得分相同，他们两人赢到的筹码和他们之前的筹码一样多。第三局是迈克和汉斯获胜，他们两人赢到的筹码和他们之前的筹码一样多。现在的情况比较复杂，他们三人都赢了两局、输了一局，最后每人的筹码都是同样多的。不过，迈克在整个三局中输了100美元。你知道迈克原先有多少本钱吗？

思维点拨

将三个人原有的本钱分别设为未知数，然后根据题设条件列方程式即可求得其解。

105 野餐的人数

时间限制：3分钟
是否完成：是（ ） 否（ ）

一年一度的野餐会那天，镇上所有的马车都被动用了。走到半路时，有10辆马车发生了故障，剩下的每辆马车上都必须再多载一个人。返回的时候，他们又发现有15辆马车坏了。如此一来，剩下的每辆马车就比早上出发时多载了3个人。请你算算，有多少人参加了这次野餐会？

思维点拨

将车辆的总数和原来每辆车上的人数分别设为未知数，再根据题设条件列方程式即可求得其解。

106 骰子游戏

时间限制：3分钟
是否完成：是（ ） 否（ ）

一群矿工在工作之余经常玩骰子游戏。这种游戏的特点是两人一起玩骰子，看谁能先达到25点，或者迫使对方超过25点，那么这个人就可赢得胜利。规则是让一个人先说出一个数字，假如第一个人叫了5，然后另外一人掷骰子，假如他掷了一个3点，点数就是5+3=8点，之后就不再掷骰子了，只用简单数学算术做游戏。第一个人把骰子转动90°，然后在1、2、5和6这4个数字中选择一个数字。假如他选择6，点数就到了14。然后，第二个人转动骰子。假如他选择点数4，点数就到了18。第一个人再转到6，点数就到了24。这时第二个人就赢得了比赛的胜利，因为对手不可能得到25，他被迫把点数加到25以上。矿工们只相信幸运数字，并不懂得数学原理。那么请问，从科学的角度讲，应首先叫什么数字才是最佳的选择？

思维点拨

先要了解一下骰子上的点数排列位置，再根据每次转动的角度来推算首先叫什么数才是最佳的选择。

107 丽莎的难题

时间限制：3分钟
是否完成：是（ ） 否（ ）

丽莎来到餐具店，一看价钱，她发现自己所带的钱正好可以购买21把叉子和21把匙，或者买28把小刀。但她需要买成套的餐具，如果买的叉子、匙、小刀数量不一样，就无法成套，所以她必须买同样多的叉、匙、小刀，并且正好将身上的钱用完。那么你能帮她想个办法吗？

思维点拨

丽莎所带的钱的总数如果只买叉子和匙是可以配套起来的，所以可以把一把叉子和一把匙的价格加在一起设未知数。然后，将1把小刀的价钱和总钱数分别设未知数，建立一个等式来求解。

108 男孩子的年龄

时间限制：5分钟
是否完成：是（ ） 否（ ）

一位老师希望把年长一点的孩子编到他的班里。他把男孩和女孩分成两组，每天给年龄较大的那组一次奖赏。

第一天，一组只有一个男孩，而另一组也只有一个女孩。男孩的年龄是女孩年龄的两倍，所以，第一天男同学一组得到了奖赏。

第二天，女孩把她的姐姐带到了学校，两人的年龄正好是男孩年龄的两倍，因此，第二天是女孩一组得到了奖赏。

第三天，男孩把他的哥哥带到了学校，两人的年龄之和是两个女孩年龄之和的两倍，所以，这一天是男孩们得到了奖赏。

第四天，两个女孩带来了她们的姐姐，三人的年龄之和正好等于两个男孩年龄之和的两倍。所以，这一天的奖赏就被女孩们得到了。

如果第四天恰巧是最后来的那位姐姐21岁的生日，请算一下，第一个男孩的年龄是多少？

思维点拨

在这道游戏中，年龄要以天为单位来计算。另外要注意，不论是男孩还是女孩，他们的年龄每天都在增长。

109 守财奴的金币

时间限制：3分钟
是否完成：是（　）否（　）

守财奴有一些面值5元、10元、20元的金币。他把它们分别放在5个袋子里，每个袋子里所放的5元、10元和20元的金币数目相等。守财奴喜欢把自己的积蓄拿出来把玩，他将所有的金币倒在桌子上，把它们分成四堆，使同种面额的金币在各堆中数目完全相等。随后，他随意挑出两堆，并把这两堆金币混合起来，然后重新分成一模一样的三堆，同样是面值和数目都完全一样。他不舍得花钱，最终饿死。请问，这个可悲的老头最后饿死时至少拥有多少金币？

思维点拨

根据题意可知，守财奴任何类型的硬币都可以分成4份、5份、6份。

110 克兰西警官的难题

时间限制：2分钟
是否完成：是（　）否（　）

奥尼尔太太对颇具数学头脑的克兰西警官说：“我用每串3先令的价格买了几串黄香蕉，又用每串4先令的价格买了同等数量的红香蕉。可是，如果我把钱平均分配，分别购买这两种香蕉时，我能

多买到2串。请你来告诉我到底是怎么回事。”

思维点拨

将购买红、黄香蕉的总价以及香蕉的串数（两种香蕉的串数相等）分别设为未知数，再根据题设条件列方程式即可求得其解。

111 农夫家的小鸡

时间限制：3分钟
是否完成：是（ ） 否（ ）

农夫琼斯跟妻子商量：“玛丽亚，若照我所想的卖掉75只小鸡，那么我们的鸡饲料还可以多维持20天。然而，如果照你的想法再买100只小鸡的话，那么鸡饲料就会提前15天耗尽。”

玛利亚问：“然而，亲爱的，我们现在究竟有多少只小鸡呢？”问题就是：你知道他们究竟有多少只小鸡吗？

思维点拨

先计算出1只小鸡每天的饲料量，再将小鸡的数量、饲料能够维持的天数以及饲料总量分别设为未知数，然后根据题设条件列方程式求解。

112 赶集的农夫

时间限制：3分钟
是否完成：是（ ） 否（ ）

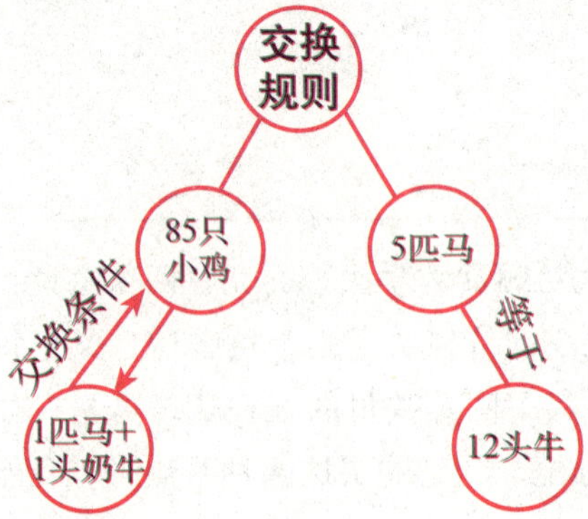

农夫约翰和妻子去赶集，他们想用自己的家禽换些牲口回来。按照古老的交换习俗，85只小鸡可以交换1匹马和1头奶牛，5匹马的价格等于12头奶牛的价格。

妻子对约翰说：“约翰，我们把选中的马加1倍带回家。这样，这个冬天我们的牲口就有17头了。”约翰说：“可我觉得奶牛更能赚钱，并且，假如我们把选中的奶牛再加1

倍，就有19头牲口了。我们的小鸡也刚好够交换这些牲口。”

你能根据上面的信息计算出他们有多少只小鸡、多少头奶牛和多少匹马吗？

思维点拨

根据“85只小鸡可以交换1匹马和1头奶牛，5匹马的价格等于12头奶牛的价格”这个条件，计算一头牛和一匹马分别值多少只小鸡。再将他们选中的奶牛和马分别设为未知数列方程式求得其解，从而也就能算出他们有多少只小鸡了。

113 女儿们的年金

时间限制：3分钟
是否完成：是（ ）否（ ）

琼斯为他的三个儿女设置了一种年金。儿女们每年按各自的年龄比例分配年金。第一年，最大的女儿得到了所有年金的一半。第六次分配时，马塔得到的年金比第一年得到的少了1美元，菲比比第一次得到的年金少了1/7，玛丽安得到的年金是第一次的2倍。请算一下，琼斯为儿女们设置的年金为多少？

思维点拨

到第六次分配时，玛丽安得到的年金是第一次的2倍，这说明玛丽安是最小的女儿。另外要注意，第六次分配时，虽然她们增加的年龄数是一样的，但是三人的年龄比例却发生了变化。

114 史密斯的钱

时间限制：2分钟
是否完成：是（ ）否（ ）

史密斯在讲述他的经历时这样说，他半个小时之前花掉了一半的钱，现在还剩下A美元B美分钱，而之前他有B美元2A美分钱。请问：史密斯花了多少钱？

思维点拨

当B的单位是“分”时，它的2倍即是1美元+2A美分钱。

115 高明的理发师

时间限制：5分钟
是否完成：是（ ）否（ ）

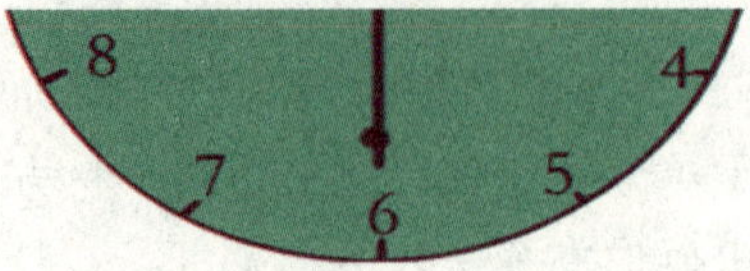

福里茨是一位高明的理发师，他说自己可以在15分钟内完成最好的剃须与理发。不过，国际协会并不认可这是一项正式纪录，因为照片上没有明确标注指针的位置。理发师和他的顾客则都坚持，他们在理发结束时，看到分针和时针间的距离与理发开始时相等。理发开始时，分针在时针后面；理发结束时，分针在时针前面。

聪明的读者，你们能不能帮他们找出理发开始和结束时时针与分针的位置？

（注：小圆圈中是秒针的位置）

思维点拨

满足条件"结束时看见分针和时针间的距离与理发开始时相等。开始时，分针在时针后面，理发结束时分针在时针前面"，如果你仔细观察了图中秒针的位置，会发现答案只有一个。

116 爬梯子游戏

时间限制：5分钟
是否完成：是（ ）否（ ）

一个小男孩以为自己非常出色，他出了一道题目考抹灰工人。工人说："你对数字题目很在行，但我对梯子题目也很在行。若是你能答出我给你出的题目，我就回答你那个问题。如果我要在梯子上爬上爬下，要求两次到达地面，两次到达梯子顶部，而且每一步梯子要踩两次，请问，我至少要用几个步骤才能完成？"假设每步梯子的高度相等，并且每步梯子使用次数也必须相等，梯子共有9个台阶。

思维点拨

这道题目并不简单，你想得到正确的答案还需要在梯子上做很多次试验，梯子的数目也不少。

117 大家庭问题

时间限制：3分钟
是否完成：是（ ）否（ ）

史密斯先生和夫人共有15个孩子，每两个孩子的年龄相差一岁半。波卡毫特斯女士是最大的孩子，她不想说出自己的年龄，只承认自己的年龄比小约翰的年龄高7倍，而小约翰是15个孩子中最小的一个。如果你是人口普查官，能算出波卡毫特斯女士的年龄吗？

思维点拨

先求出波卡毫特斯女士与小约翰的年龄差，并理解“高7倍”实际上是“8倍”的意思。

118 承担重量

时间限制：3分钟
是否完成：是（ ）否（ ）

耶路撒冷的所罗门神庙是世界最伟大的建筑之一。修建神庙所用的大理石采自0.5千米之外的采石场，神庙的位置高出采石场0.25千米。每块大理石的长、宽、高都是18厘米。从古代的图画上可以看到，大理石石块是由三个人抬到神庙的。如果前面的人离石块的距离是36厘米，请问，后面两个人应该用怎样的站位才能使三人承担同等的重量？

思维点拨

从采石场到神庙的路程存在一定的斜度，这道题要考虑重心后移的问题。

119 三对新人结婚

时间限制：2分钟
是否完成：是（ ）否（ ）

守财奴在三个女儿结婚的那一天告诉她们，他将按照女儿们的体重送给她们金子。三位新郎听了非常高兴。三位新娘的总体重是198千克。尼尔比凯特重5千克，

米尼比尼尔重5千克，三位新郎中有一位叫约翰的和他的新娘一样重，威廉比他的新娘重一半，查尔斯的体重是他的新娘的两倍。三对新人的总体重为500千克。那么，三位新娘的新郎分别是谁？

思维点拨

先算出三位新娘各自的体重，再根据新郎与新娘体重的倍数关系以及三对新人的总体重即可求得三位新郎各自的体重。

120 寺庙的历史

时间限制：5分钟
是否完成：是（　）否（　）

在意大利有一座古老的寺庙，寺庙有一个奇特的规定，那就是一位被称为黑道士的僧人要求他们每周捐献一枚硬币，也就是把差不多10%的善款捐出来。我们不必去管那些硬币值多少钱，这与我们的题目无关。他们每个星期六向一个箱子里放入一枚硬币，根据寺庙的规定，只有到了一个特殊的日子才可以开箱清点，这特殊的日子必须是一年的最后一天，并且这一天也必须是星期六。

现在我们这样假设，这个奇特的寺庙在某一年的第一天建立，这天正好是星期天。以后每周的星期六向存钱箱里放入一枚硬币，在下一个正好是星期六的年底，他们把存钱箱中的硬币取出来清点。硬币能平均成4堆、5堆和6堆，每一堆的硬币数相同。请问，这个寺庙有多少年历史了？

思维点拨

先算出一年有多少周，再算一算需要间隔多少年才能遇到一个以星期六结束的年底，另外由于硬币能平均分成4堆、5堆和6堆，那么你算出来的这个数，必须再找到一个能被60整除的数。

121 玛莎的葡萄园

时间限制：3分钟
是否完成：是（ ）否（ ）

远在殖民地时代，一名健壮的殖民者来到一个贫瘠的小岛，和女儿玛莎一起在荒芜的土地上艰辛地劳作，希望开垦出一个葡萄园。为了鼓励玛莎，殖民者送给玛莎一块2723平方米的土地，玛莎可以自己开垦，收获的果实也归她所有。

按照常规，在种葡萄时要保证每两株葡萄的间距至少为9米，玛莎模仿其他人的方式种植葡萄。不过，玛莎这块葡萄园最后收获的葡萄超过了岛上其他任何葡萄园的产量，而且培育出了很多新的贵重品种，这些品种逐渐在岛上普及开来。

现在你试着想想，在玛莎这块2723平方米的土地上，按照每两株葡萄间隔至少9米的要求，最多能栽种多少株葡萄？

思维点拨

在正方形的土地上，在每两株葡萄的间距一定的情况下，要想使种植的数量最多，就得考虑以正方形的对角线为基线来种植。

122 节约粉笔的老师

时间限制：1分钟
是否完成：是（ ）否（ ）

詹姆森老师总共有9支粉笔。当一支粉笔用到只剩原来的1/3时，他会因其太小，写字时拿不住而将其放在一边。但是，詹姆森是位极其节俭的老师，他会等到有足量的粉笔头可以接起来做1支新粉笔时，用一种特殊的方法将它们接起来做成一支新粉笔。

如果詹姆森老师每天只用1支粉笔，9支粉笔可供他用几天？

思维点拨

9支粉笔可以产生9个1/3支粉笔头，接起来就变成了3支新粉笔；而3支新粉笔又会产生3个1/3支粉笔头，它们还可以再接成1支新的粉笔。

123 钟表上的失误

时间限制：3分钟
是否完成：是（ ）否（ ）

在苏黎世郊外一个偏远的小山包下，有一个废弃的教堂。据说，该教堂约建于15世纪中叶，当时请了一个名为约根森的市民为教堂修建大钟，他当时是一位很有名的钟表匠人。正是他的到来，让这个小教堂很快成为大家注意的焦点。大钟每天早上6时启动。这个大钟上有一个致命的机械失误，时针速度被约根森设定为分针的12倍。当听到钟表出了故障后，尽管这时老匠人身体已经非常虚弱了，但他还是坚持让人抬他来到教堂。他想亲眼看看。可奇怪的是，当匠人到达教堂时，大钟的走时相当准确，一分不差。这让老匠人在自己最后的日子充满了快乐。之后的时间，这个怪钟继续按照古怪的方式运转，人们也懒得去修理它，直到生锈损毁。

从这个怪钟中，我们现在得到下面这道题目："如果大钟每天早上6时启动，时针以分针的12倍的速度运转，那么请问，钟表在什么时刻显示的时间是准确的？"

思维点拨

根据题意，当时针走满一圈时，分针走5个小格。

124 调整位置

时间限制：3分钟
是否完成：是（ ）否（ ）

有一对愚蠢的父子抬着一头驴去赶集，没走多远，他们就碰到了一位自称公正的牧师。这位牧师说，由于父亲比儿子强壮，所以，他应该分摊总共220千克重量中的大部分。他们应该把驴调整到合适的位置，让父亲承担其中的125千克，儿

子承担其中的95千克。我们先不去讨论这对父子的做法和牧师的建议是否合理的问题，现在需要你思考的是：如果担子长度为2.25米，那么，照牧师的说法应该怎样调整位置呢？

思维点拨

根据各自承担的重量与总重的比例关系，计算出驴距其中一人的距离与担子总长的比例关系，即可得到驴在担子上的位置。

125 双人自行车

时间限制：3分钟
是否完成：是（ ） 否（ ）

三个男孩想一起前往40千米之外的一个地方。但他们只有一辆双人自行车，双人骑车可以在一小时内走完全程，而自行车最多只能坐两人，剩下的一人只好步行。

甲的步行速度为10分钟1千米，乙的步行速度为15分钟1千米，而丙的速度为20分钟1千米。他们可以选择最佳的骑车与步行的组合方法前往该地。请问，三人要完成这次旅行至少要用多长时间？

思维点拨

应该由步行速度最慢的丙全程骑车，但是他在中途须折回去接步行的人。

126 谁是谁的夫人

时间限制：3分钟
是否完成：是（ ） 否（ ）

这里有一道距今百年之前的问题，是一道非常有趣的题目。题目是这样的：亨利的三个荷兰朋友来看他，他们都携带着新婚不久的夫人。三个人分别叫亨德里克、克拉斯和克勒里斯，他们的夫人则分别是格特玲、卡特伦和安娜。但是，亨利忘了谁是谁的夫人。他们告诉亨利，他们去市场买过小猪，他们每个人所买的猪的头数和每头小猪的单价（单位：先令）是一样的。亨德里克比卡特伦多买了23头，克拉斯比格特玲多买了11头，而且他们还说，每个男人比他们的夫人多花了3几尼（旧时英国金币，合21先令）。现在，你能不能从上面这些描述中知道谁是谁的夫人？

思维点拨

仔细推敲“亨德里克比卡特伦多买了23头，克拉斯比格特玲多买了11头”这句话，就可以找出亨德里克的夫人是谁。

127 猫狗赛跑

时间限制：3分钟
是否完成：是（ ）否（ ）

塔比（猫）和斯博特（狗）赛跑，从起点跑到终点再返回，全程长225米。斯博特每一跳有5米，而塔比只有3米。不过，斯博特跳3次的时间塔比可以跳5次。

请问，谁能获胜？

思维点拨

从题意可知它们的速度是相等的，但是要注意它们进行的是往返赛跑，且前进的方式是跳跃的，并且有固定的距离。

128 信使问题

时间限制：2分钟
是否完成：是（ ）否（ ）

一位信使从行进中部队的尾部向前部传递信息，然后再返回尾部。整个过程中部队只向前前进50千米，部队队伍长为50千米。请问，信使送信和返回经过的路程是多少？

思维点拨

假如部队静止不动，他往返的全程共需要经过100千米。不过，如果部队正在前进，他从部队尾部到前部要经过的就不止50千米的路程，而返回到尾部的路程不足50千米。

129 计时员的难题

时间限制：2分钟
是否完成：是（ ）否（ ）

在“快马女王”洛狄龙的一次表演赛中，计时员在计时的时候出了一点问题。第一位计时员记下了快马在前3/4千米中用了81.375秒，而第二位计时员记录下了在后3/4千米中用了81.25秒。马在前一半和后一半路程所用速度相等。两位计时员的计时都是正确的，不过，要让这两位没有数学头脑的计时员算出快马跑完全程的时间还是有不小难度。你能算出正确的结果吗？

思维点拨

将时间分成四个段来计算，很容易就可以得到跑完全程所用的时间。

130 生日的日期

时间限制：3分钟
是否完成：是（ ）否（ ）

哈利在新认识的女朋友家里遇到了她的弟弟。哈利想知道女朋友的生日是哪一天，就偷偷问她的弟弟瑞比。谁知瑞比并没有直接说出姐姐的生日，而是告诉哈利：“我姐姐的生日月份和日子都是个位数，把它们连着读成一个十位数的时候，这个十位数的3次方是个四位数，4次方是个六位数。并且这个四位数和六位数的各个数字正好是0到9这10个数字，而且没有重复。”这下把哈利给难住了。你能帮他算出女朋友的生日是哪一天吗？

思维点拨

根据“十位数的3次方是个四位数，4次方是个六位数”，可知这个数不小于18，不大于21。

131 姑妈的年龄

时间限制：1分钟
是否完成：是（ ） 否（ ）

露丝问她的姑妈：“您今年多大岁数了？”

姑妈答道：“我现在的年龄是5年后年龄的5倍减去5年前年龄的5倍。”

露丝稍微思考了一下就知道了。那么，你知道姑妈现在到底多大吗？

思维点拨

将姑妈现在的年龄设为未知数，根据题意可列方程求解。

132 读书情况

时间限制：1分钟
是否完成：是（ ） 否（ ）

爱丽在读一本书，已读了25%，比没读的要少20页，请问：她读了多少页？

思维点拨

从没读的书的页数与已读的书的页数之间找关系。

133 交叉路口

时间限制：3分钟
是否完成：是（ ）否（ ）

新建的大型公园游客络绎不绝，公园管理处经研究决定再修筑8条笔直的小路，计划在小路的每个交叉口建造休闲亭或售货亭，方便游客休息或购物。最多会设计出多少个小路交叉口呢？

思维点拨

要算清每增加一条小路最多会增加的交叉口数量。

答 案

第3章　133道最经典的应用数学游戏

1.将奶牛的速度设为V，桥的长度设为S。根据题设条件可得到两个二元一次方程：$\frac{0.5S-5}{V}=\frac{2S-1}{90}$，$\frac{0.5S+5-0.25}{V}=\frac{3S-0.25}{90}$，解这组二元一次方程即可得火车的速度是奶牛的5倍，奶牛的速度为18千米/小时，桥的总长度为48米。

2.猫跳100次后正好能在10米长的跑道上往返一次。狗需要跳10.2米，因为狗跳33次之后正好完成9.9米，所以它必须再多跳一次，必须超出跑道0.2米。因此，狗需要跳68次才能往返一次。而在猫跳100次的时间内狗只能跳66次，所以结果是猫获胜。

3.共有147人参加投票。起初的赞成票与反对票之比为4∶3。但后来有11票赞成票转投到了反对票，因此反对票多出一票。这说明21票是所有票数的1/7，所以共有147人参加投票。

4.根据题意可知，袖套与硬领的洗涤费用之比为$a:b=5:4$，那么可设袖套的件数为x，则有$\frac{x}{2}a+\frac{30-x}{3}b=27$，最后解得共有12只袖套与18只硬领。每只硬领需要2美分，而每只袖套需要2.5美分，所以查理还需要支付39美分。

5.格兰特以493.68美元卖掉两匹马，他最终赚得的利润是2%，那么这两匹马原来买价的总额为484美元。再将小屠夫的原价设为x，另一匹马的原价设为y，即可得两组方程式：$x+y=484$，$1.12x+0.99y=493.68$，解这个方程即得："小屠夫"买进价格为264美元，以295.68美元卖出，赚进了12%；另外一匹马买进价格为220美元，以198美元卖出，亏了10%。

6.两镇距离18千米。只需要做一些简单的加法和减法就可以算出这道题的结果。两人第一次碰面时，威利已经离开快乐镇10千米了。这时，他和蒂姆共走过的路程就是两镇之间的距离。第二次碰面时，两人共走过的路程是全长的三倍。因此，第二次见面时，威利走过的路程就是3×10千米，即30千米。这样，威利在两人碰面的两点之间走过的距离就为30−12−10=8千米，而这一段他走了两次，这就可以算出两个碰面点之间的距离为4千米，那么快乐镇和幸福镇之间的距离为10+12−4=18千米。只要画出路线图，你很快就可以得出这个答案了。

7. 在分割家产问题上，奥苏格斯原来的意图始终不变。给母亲的钱是给女儿的两倍，而儿子的所得又是母亲的两倍。因此，只要把财产分成7份就可以轻易地完成分配，将其中的1份分给女儿，2份给母亲，4份给儿子。

8. 商人以50美分/升的价格卖出了容积为13升和15升的两桶油（价值14美元）。然后，以25美分/升的价格卖出了容积为8升、17升和31升的3桶醋（价值14美元）。剩下的是容积为19升的桶：如果是醋，则价值4.75美元；如果是油，则价值9.5美元。

9. 设当选者得票数为x，根据题意则有：$x+(x-22)+(x-30)+(x-73)=5219$，解得$x=1336$。故选票数分别为1336、1314、1306和1263。

10. 根据题目中仅有的几个数字，可以很快得出这帮盗贼的人数只能是3个人才可以平分香槟。分法是这样的：一个盗贼先拿3个2升的满瓶、1个2升的空瓶、1个1升的满瓶和3个1升的空瓶。其他两人各2个2升的满瓶和2个2升的空瓶，再拿3个1升的满瓶和1个1升的空瓶。这样，每个人都拿到了7升香槟酒、4个大瓶和4个小瓶。

11. 设科恩家到姑妈家的距离为S千米，根据题意有：$\frac{S}{5}+\frac{S}{3}=7$，解得$S=13.125$千米，科恩往返的路程长度为26.25千米。

12. 设报纸的总数为x份，根据题意，汤姆·史密斯卖了$\frac{1}{4}x+1=\frac{x+4}{4}$份，比利·琼斯卖了$(x\ \frac{x+4}{4})\times\frac{1}{4}+1=\frac{3x+12}{16}$份，勒德·史密斯卖了$[x-(\frac{x+4}{4}+\frac{3x+12}{16})]\times\frac{1}{4}+1==\frac{9x+36}{64}$份，查利·琼斯卖了$[x-(\frac{x+4}{4}+\frac{3x+12}{16}+\frac{9x+36}{64})]\times\frac{1}{4}+1=\frac{27x+108}{256}$份，$(\frac{x+4}{4}+\frac{9x+36}{64})-(\frac{3x+12}{16}+\frac{27x+108}{256})=100$，解得$x=1020$份，而小吉米·琼斯卖了320份，故琼斯家三个孩子比史密斯家两个孩子多卖了220份报纸。

13. 设丝线的价格为x，毛线的价格为y，根据题意则有：$3x+4y=31$，$4x+3y=32$，解得$x=5$，$y=4$。所以，丝线的价格为5分钱，毛线的价格为4分钱。

14. 最初代理商获得了59.5美元的白酒和12美元启动资金。购买283.5美元的白酒后，白酒总量价值增加到了343美元，剩下91.5美元的白酒，今年的销售额为285.8美元。所以，代理商按进价提高了10%销售。镇里从285.8美元的销售额中得到了25.99美元的利润，加上最初的12美元和59.5美元，总额为97.49美元。从中扣除5%的代理费，即14.29美元，最后算出汉普郡今年的利润为83.2美元。

15. 约187.27美元。中间商收货时17/16千克的货物按1千克算，而卖货时却以15/16千克算1千克。一进一出，他就多了2/16千克。显然，这多出的2/16千克他也以同样价格售出，并因此赚取了25美元。于是，2/16千克对应着15/16千克当作1千克所得的钱的2/15，从而也就对应着他所付的钱的2/15。如果他的代理没问题，他收进17/16千克货物的钱应是187.50美元。如果他老实本分，为这些货物所付的货款应为199.21875美元，佣金只有7.96875美元。现在，除赚取的25美元外，还多赚取了3.125美分佣金。所以，中间商为买货付给卖货人的钱约是187.27美元。

16. 在1千米长的道路上，骑手向前骑1/8千米，然后抄近路骑向终点。这种方式可以在2分51秒内完成，从而赢得比赛。

17. 题中明显地给出了如果狮子一次能爬7步台阶，护卫一次6步，国王一次能爬5步，而$7\times6\times5=210$。所以，如果金字塔有210步台阶，那么他们正好一起到达塔顶。

18. 由于总重量为85千克，奥图勒夫人比婴儿和狗的体重之和重50千克。所以，奥图勒夫人的体重为67.5千克。孩子和狗的体重之和为17.5千克。狗比孩子轻60%，所以狗重5千克，孩子重12.5千克。

19. 几个女孩儿的体重分别为28千克、29千克、30千克、32千克和32.5千克。

20. 圣布里奇特用12美分买了16只鸡蛋，每打的价格是9美分。多加2只鸡蛋后，圣布里奇特得到了18只鸡蛋，这时的单价是每打8美分，比之前的要价少了1美分。

21. 为了解决这类问题，首先应算出人与猪在直线上向前行进时，人要走多远才能追上猪。这一数字还应加上人与猪在直线上相向而行时，人把猪抓住的行走距离。把结果除以2，就是追猪的人所走过的路程。照此计算，在抓到小猪之前，汤姆需要跑$571\frac{3}{7}$米。

22. 比尔 · 琼斯拿到8836美元，他老婆玛丽拿到5476美元，他们的儿子内德到手2116美元。汉克 · 史密斯分到16129美元，他老婆伊莉莎拿到12769美元，他们的女儿苏珊分到9409美元。杰克 · 布朗得到6724美元，他老婆萨拉分到3364美元，他们的儿子汤姆，这个家庭中的不肖子孙，只拿到4美元。

23. 72分。100分一局的比赛中A让C36分。200分一局中，A让C72分。

24. 其中一人的报酬是90美分/米，他修了$55\frac{5}{9}$米，报酬为50美元；另外一人从C点开始修路，他的报酬是1.1美元/米。而C点到公路的距离为$44\frac{4}{9}$米，正如这位数学家所说的“他们不可

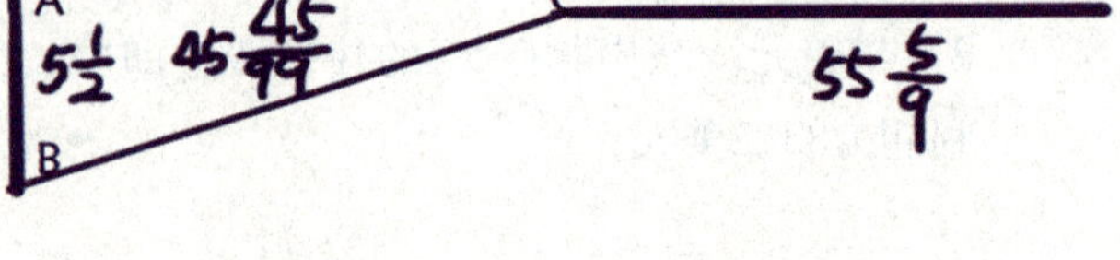

能获得相等的报酬”。除非公路比C点低一定高度，从而使斜边BC的长度增加到$45\frac{45}{99}$米，他才能得到50美元的报酬。照此计算，两人都可以得到50美元的报酬。所以，两人的工作量分别是$55\frac{5}{9}$米和$45\frac{45}{99}=45\frac{5}{11}$米。

25. 设时间为t小时，杆子总数为g。根据题意可以得到等式：$1.914/t=(g/60t)\times1.914$。所以得到杆子总数为60根。两根相邻杆子之间的间距为$[(1.914\times1000)/60]-1\approx32.44$米。

26. 汉克有11头牲口，吉姆有7头，杜克有21头，共有牲口39头。

27. 设杰克上山的速度为V_1米/秒，吉尔上山的速度为V_2米/秒，根据题意则有：$\frac{460}{V_1}=\frac{420}{V_2}$，$\frac{440}{V_1}+\frac{440}{1.5V_1}=(\frac{440}{V_2}+\frac{440}{1.5V_2})+30$，最后可求得杰克跑完全程需要6分18秒。

28. 在原进价基础上减少10%，然后再加上20%得到新的卖价，新卖价为原进价的1.08倍，而原卖价是原进价的1.1倍。两个卖价之差为原进价的0.02倍，根据题目这个差值为0.25美元，可以算出原进价为12.5美元，进而可以算出西服的卖价为：12.5×（1+10%）=13.5美元。

29. 60美元等于原价的1/2加上饲养开支的3/4。那么饲养开支等于188/3美元，损失的钱等于原价的1/2加上饲养开支的1/4，即为$28\frac{2}{3}$美元。

30. 面积为20亩。设亩数为x，所支付的小麦的升数为y，则据题意可列出以下方程组：$[(3/4)y+80]/x=7$；$(y+80)x=8$。解此方程组得出$x=20$。

31. 据题意，可知马车的速度为4.5千米/小时，火车速度为3.5千米/小时。相遇时，马车距格拉斯哥还有82.6875千米。

32. 设普通股的价值为x，根据题意有：$0.05x+4000000\times0.075=(x+4000000)\times0.06$，解得$x=6000000$，即普通股的价值是600万美元。

33. 设游戏开始时两人手中的弹子数为x，根据题意可列方程：$[(x+20)-\frac{2}{3}(x+20)]=\frac{1}{4}[(x-20)+\frac{2}{3}(x+20)]$，解得$x=100$，即游戏开始时两人各有100颗弹子。

34. 200千米。按照机械师的叙述，我们可以看出，如果火车以全速而不是3/5的速度行驶中间的50千米，可以节省40分钟。以3/5的速度行驶50千米所需的时间内，如果以全速行驶，可以行驶83.33千米，多出了33.33千米。因此，40除以33.33即可得到全速行驶一千米需要的时间是1.2分钟。可以算出火车以全速行驶了50千米，以3/5的速度行驶了150千米，全程200千米。

35. 设比尔工作了x天，据题意有：$16x=(30-x)\times20$，解得$x=16\frac{2}{3}$，即比尔工

作了$16\frac{2}{3}$天。

36. 将每千克5个角子的茶叶重量设为x，根据题意则有：$5x+3(40-x)=240\times(1-\frac{1}{4})$，解得$x=30$，即混合茶中含有30千克每千克5个角子的茶叶，10千克每千克3个角子的茶叶。

37. 将此地至小屋的距离设为S_1千米，小屋至匹克特镇的距离设为S_2千米，旅行家和马车的速度分别设为V_1和V_2千米/小时，根据题意有：$\frac{S_1+S_2-1}{V_1}=\frac{S_1+S_2}{V_2}+0.5$；$\frac{4}{V_1}=\frac{S_1}{V_2}$；$\frac{S_1-4}{V_1}=0.5$；$\frac{S_2}{V_2}+0.25=\frac{S_2}{V_1}$；解得$S_1=6$，$S_2=3$，$V_1=4$，$V_2=6$，即此地到匹克特镇的距离为9千米，马车的速度是6千米/小时，旅行家步行的速度为4千米/小时。

38. 酒的成本为796法郎，商人加价5%后以837.9法郎售出，相当于在原价882法郎上打了5%的折扣。但为了得到佣金，他们把订单总价提高至931法郎，商人付给5%的佣金并打了5%的折扣后，最后实际收取837.9法郎，不影响商人的利润。

39. 设大麦的价格为每升a美元，小麦的价格为每升b美元，大麦的总产量为x，根据题意则有：$\frac{3}{5}ax=50$，$\frac{3}{5}bx=50-18.75$，$130a=80b+8$。解方程可得到大麦的总产量以及大麦与小麦各自的单价。由于琼斯得到了50美元的大麦，所以史密斯应该得到约33.33美元的大麦，折算成小麦应该约为533.3升。

40. 将玛丽太太花生的总数设为x，根据题意第一个孩子（男孩）得到：$1+\frac{1}{4}(x-1)=\frac{1}{4}x+\frac{3}{4}$颗花生；第二个孩子（女孩）得到：$1+[\frac{3}{4}(x-1)-1]\times\frac{1}{4}=1+(\frac{3}{4}x-\frac{7}{4})\times\frac{1}{4}=\frac{3}{16}x+\frac{9}{16}$；第三个孩子（男孩）得到：$1+[(\frac{3}{4}x-\frac{7}{4})\times\frac{3}{4}-1]\times\frac{1}{4}=1+(\frac{9}{16}x-\frac{37}{16})\times\frac{1}{4}=\frac{9}{64}x+\frac{27}{64}$；第四个孩子（女孩）得到：$1+[(\frac{9}{16}x-\frac{37}{16})\times\frac{3}{4}-1]\times\frac{1}{4}=1+(\frac{27}{64}x-\frac{175}{64})\times\frac{1}{4}=\frac{27}{256}x+\frac{225}{256}$。再根据两个男孩得到的花生比两个女孩儿多100颗，可得：$\frac{1}{4}x+\frac{3}{4}+\frac{9}{64}x+\frac{27}{64}=\frac{3}{16}x+\frac{9}{16}+\frac{27}{256}x+\frac{225}{256}+100$，解得$x=1021$，即第一个孩子得到256颗，第二个孩子得到192颗，第三个孩子得到144颗，第四个孩子得到108颗，故玛丽太太最后剩下321颗。

41. 设第一个农妇有x只鸡蛋，那么第二个农妇就有$(100-x)$只鸡蛋。根据题意可得方程：$\frac{15x}{100-x}=\frac{6\frac{2}{3}}{x}\cdot(100-x)$解方程，得$x=40$。因此第一个农妇带了40个鸡蛋，第二个农妇带了60个鸡蛋。

42. 珍妮需要4分钟，莫德需要10分钟。

43. 根据农夫的描述，可以算出小男孩的年龄是5岁。

44. 设买进的小狗数目为x，因为老鼠的数目实际是和狗的数目相等的，故老鼠亦为x，再设剩下的狗为a只，老鼠为b只，根据题意有：$2x+x=2.2(x-a)+1.1(x-b)$；$a+b=7$；$2.2a+1.1b=0.3x$，解得$x=44$，$a=5$，$b=2$剩下的动物中有5只小狗（零售值11个角子）和2只老鼠（零售值2.2个角子）。7只动物一共值13.2个角子。

45. “越洋号”顺水而下的速度为船速加上水流的速度。浮物的速度即水流的速度，所以“越洋号”与浮物的速度差为船速。已知2分钟后“越洋号”与浮物相距1千米，由此可知，船速=1/(2/60)=30(千米/小时)，“超越号”逆水而上的速度为船速减去水流的速度，“超越号”和浮物相向而行，速度之和为船速，因此，相遇时间=90/30=3（小时）。

46. 根据减价1元就多订购4件，可知罗伯特先生最后订购了100件，商店经理减价5%即是以95美元的价格出售这种商品，也即每件的利润减少了5美元。而根据罗伯特订购80件与100件，商店经理所获得的利润相等，可将商店经理最初的利润设为x，可得$80x=100\times(x-5)$，解得$x=25$，故商品的原价为75美元。

47. 设老太太买的鞋带数量为a，针线包的数量为b，手帕的数量为c，因为各物品所花的钱数与数量相等，故根据题意可得：$a^2+b^2+c^2=324$，另有针线包的数量是鞋带的4倍，手帕的数量是鞋带的8倍，故b=4a，c=8a，代入上式可解得a=2，故老太太买了16块手帕。

48. 5张1美元的纸币、50张2美元和19张5美元的纸币。

49. 这个方阵的人数是由2～10的最小公倍数再减去1得到的，即参加游行的人数为2519人。

50. 根据题目可以得出，琼斯每卖出1个苹果，他们就将损失1/30分钱，他们共计损失了7分。所以他们共有420个苹果，每人210个，琼斯应该得到105分，但以他的方式卖苹果和分配收入他能得到84分，所以琼斯损失了21分。史密斯应得70分，但他得到了84分。

51. 女士买花后应找回73美分，报童最后要拿回他原有的28美分，而这101美分应是零钱，因为花的售价是34美分，那么店主得有76美分的零钱来支付给女士和报童，而店主只有两枚硬币。显然店主没有这么多零钱，而将三人的钱放在一起后，则可以找零，因此店主有的应是一枚50美分和一枚25美分的硬币。所以，他们把所有的钱全放在一起，店主拿走一张1美元、一张5美分和两张2美分的钞票；女士拿走50、10、10和1美分的钞票；男孩拿走25美分的硬币和3美分的钞票。

52. 只需要记住，如果吉米支付了11分钱，那么另外两人也应该支付这么多，所以11根香肠的总价就为33分钱。哈里有4根香肠，值12分钱，那么他该得到1分钱。托米有7根，值21分钱，那么他应该分到10分钱。这样相当于每人为这顿午餐支付了11分钱。然后，三人平分11根香肠。

53. 哈伯德夫人通过不同罐子容量来计算果酱的多少。我们可以把下面两层同时减去6个小罐子，结果证明2个大罐子和4个中型罐子的容量相等，也就是1个大罐子的容量等于2个中型罐子的容量之和；同样的方法，可以得出1个中型罐子的容量等于3个小罐子的容量之和。因此，我们用某一种容量的罐子代替其他罐子就可以得出：54个小罐子的容量之和等于20升，18个中型罐子的容量之和等于20升，60小罐子的容量之和等于20升。当然，答案也就出来了。

54. 牛5头、羊1只、猪94头。可用下列式子求解：
设x=牛，y=羊，z=猪，$10x+3y+0.5z=100$，$x+y+z=100$。

55. 平均分工即一人完成6行，霍博斯撒种子需要120分钟，盖种子需要360分钟，共计8小时；诺波斯撒种子需要240分钟，盖种子需要240分钟，也需要480分钟，即8个小时。可以看出，他们平均分工所花时间是一样的，一人得到2.5美元的报酬。

56. 轮子的周长可以这样计算：由于外轮的转速是内轮的两倍，所以外圆周长是内圆周长的两倍。所以，外轮与内轮之间的一米应等于外圆半径的1/2。外圆的直径为4米，它的周长应为4×3.1416，约为12.5664米。

57. 将哈德的猪数设为x，根据题意有：$\frac{x+1}{2}+\frac{x+1}{4}+\frac{x+1}{8}=x$，解得$x=7$，即哈德共卖了7头小猪。络腮胡子的人买了4头，胖太太买了2头，瘦脸老头买了1头。

58. 设鸡身的重量为a千克，鸡身的单价为b，根据题意可得方程：$ab=29.6$；$(2-a)(b+2)=8.2$。解这个方程可得，a=1.6，b=18.5。故鸡身的重量为1.6千克，鸡腿的重量为0.4千克。

59. 铺设电线的最短路线是沿着会议厅的前墙、地板而到达后墙。最短的电线长12.81米。

60. 因为史密斯小姐要将剩下的钱买5美分一张的邮票，故2美分邮票的张数应与5成倍数关系，这样才刚好凑成100美分（1美元）。而1美分的张数是2美分的张数的10倍，所以2美分的邮票只能是5张，1美分的为50张，而5美分的为8张。即她要买5张2美分面值的邮票，50张1美分面值的邮票和8张5美分面值的邮票。

61. 36只。设甲的羊群数量为x，列方程式：$x+x+x/2+x/4+1=100$，求得$x=36$。

62. 设农夫共有火腿x根。根据题意，第一个顾客买了$\frac{1}{2}x+\frac{1}{2}$根；第二个顾客买了$[x-(\frac{1}{2}x+\frac{1}{2})]\times\frac{1}{2}+\frac{1}{2}=\frac{1}{4}x+\frac{1}{4}$根；第三个顾客买了$[x-(\frac{1}{2}x+\frac{1}{2})-$

$(\frac{1}{4}x+\frac{1}{4})]\times\frac{1}{2}+\frac{1}{2}=\frac{1}{8}x+\frac{1}{8}$根；第四个顾客买了$[x-(\frac{1}{2}x+\frac{1}{2})-(\frac{1}{4}x+\frac{1}{4})-(\frac{1}{8}x+\frac{1}{8})]\times\frac{1}{2}+\frac{1}{2}=\frac{1}{16}x+\frac{1}{16}$根；第五个顾客买了$\frac{1}{2}+[x-(\frac{1}{2}x+\frac{1}{2})-(\frac{1}{4}x+\frac{1}{4})-(\frac{1}{8}x+\frac{1}{8})-(\frac{1}{16}x+\frac{1}{16})-\frac{1}{2}]\times\frac{1}{2}=\frac{1}{32}x-\frac{7}{32}$根；第六个顾客买了$[x-(\frac{1}{2}x+\frac{1}{2})-(\frac{1}{4}x+\frac{1}{4})-(\frac{1}{8}x+\frac{1}{8})-(\frac{1}{16}x+\frac{1}{16})-(\frac{1}{32}x-\frac{7}{32})]\times\frac{1}{2}+\frac{1}{2}=\frac{1}{64}x+\frac{9}{64}$根。根据六个顾客刚好将火腿买完，可列等式并求解得$x=55$。故农夫出门所带的火腿数量是55根，第一位顾客买了28根火腿，支付了35美元；第二个顾客买了14根火腿，支付了17.5美元；第三个顾客买了7根火腿，支付了8.75美元；这时农夫剩下6根火腿，第四个顾客（老板娘）又买了3.5根火腿，由于半根按整根计算，她共支付了5美元；然后，第五个顾客（老板）又买了1.5根火腿，也是半根按整根计算，他支付了2.5美元；老板的朋友买下了剩下的1根，共支付了1.25美元。最终，农夫卖完了火腿获得了70美元。

63. 按照下面的方法可以实现他们的计划。春天时，克劳德买来12只小鸡，其中10只母鸡，2只公鸡。秋天时，他可以得到10窝小鸡，每窝12只，其中有一半公鸡和一半母鸡。现在，克劳德共有70只母鸡和62只公鸡，为了保持公母鸡的比例不变，他卖出了48只小公鸡。第二年春天，70只母鸡可以孵出70窝小鸡。他将因此得到420只母鸡，而且还会有336只公鸡可供出售。这时，克劳德拥有了490只母鸡和98只公鸡。在第三年，490只母鸡能孵出5880只小鸡，加上现有的490只母鸡和98只公鸡，他们将拥有6468只鸡。

64. 根据第二桶混合物的比例为40 : 1，可计算出其中所倒出的1/4升混合物中所含牛奶的数量和水的数量，将第二桶混合物中原有的1/4升牛奶减去第二次倒出去的牛奶，我们将看到所得到的数刚好与倒入第一桶中的水的数量相等。在第一个桶中水与牛奶之比为1 : 40，在第二个桶中牛奶与水之比也为1 : 40。

65. 设每条街道需要的牛奶量为x，根据题意，第一条街得到的纯牛奶为x；第二条街得到的纯牛奶为$\frac{32-x}{32}\cdot x$；第三条街得到的纯牛奶为$\frac{(32-x)-(\frac{32-x}{32}x)}{32}\cdot x$；

第四条街得到的纯牛奶为$\frac{[(32-x)-(\frac{32-x}{32}x)]-\frac{(32-x)-(\frac{32-x}{32}x)}{32}x}{32}\cdot x$。

四条街的纯牛奶数加起来即为32−10.125=21.875升，解方程即得$x=8$。故送奶人给第一条街道分发了8升纯牛奶，第二条街道6升，第三条街道4.5升，第四条街道3.375升，一共是21.875升。

66. 萨米原应分食3/8个西瓜，而实际上他分食了1/3个西瓜，故萨米多食了

1/12个西瓜，当他们仍以原来的比例分钱的时候，萨米应将多分食的1/12个西瓜按原价折成钱，即4美分付给弗兰克。所以，最后弗兰克分得34美分，萨米分得14美分。

67. 有奖销售的全部奖金是：$2000\times2+800\times10+200\times20+100\times50+50\times200+20\times1000=51000$（元），10万张奖券销售总金额是：$40\times100000=4000000$（元）。奖金总金额占销售总金额的百分比是1.275%。如果是实行九八折销售的话，让利的百分比是2%。因为1.275%<2%，所以实行九八折销售方式比上述有奖销售让利给顾客的多。

68. 设安德鲁开车行驶了x千米，平均每小时行驶y千米，则据他的叙述，我们得到：

$x/(y+6)=x/y-5/60$

$x/y-5=x/y+6/60$

$x=y$，

解得$y=30$

$x=15$。

安德鲁行驶了15千米，平均每小时行驶30千米。

69. 把四个小孩编上号，分别为A、B、C、D，过桥所用的时间相应为3、4、6、9分钟。

(1) 先让A和B过桥，一起用4分钟。

(2) 让A返回，用3分钟。

(3) 让C和D一起过桥，一起用9分钟。

(4) 让B返回，送手电筒，用4分钟。

(5) 最后A和B过桥，一起用4分钟。

所以，时间为4+3+9+4+4=24（分钟）。

70. 裱褙工人：200美元；油漆工：900美元；水管工：800美元；电工：300美元；木工：3000美元；泥瓦匠：2300美元。

71. 设赚钱的奶牛原价为x，亏本的奶牛原价为y，根据题意有：$1.1x+0.9y=210$；$0.1x-0.1y=10$，解方程可得$x=150$，$y=50$。故两头奶牛的进价分别为150美元和50美元。

72. 设奥特利将地分成了x块，根据题意可得$18x-243=\frac{243}{x}\times6$，解得$x=18$。他把地分成了18小块，按照18美元的单价，土地价值总和为324美元，利润为81美元。而每一块土地的原买价是13.5美元，六块的总价值是81美元。

73. 设史密斯先生的钱为x，妻子的钱为y，根据题意有：$x+\frac{3}{4}y=5000$，$y+\frac{2}{3}x=5000$，解得$x=2500$，$y=333.333$。故史密斯有2500美元，妻子有333.333美元，小树林

与小溪的价值是83.333美元。

74. 因为三人的工资均为101美元，以他们原有的工资计算，只有杂工的工资不变，每人所工作的天数才为整数，即杂工工作了101天得到101美元。工头第一天的工资为1.1美元，后90天的工资为1.11美元，91天的工资共计101美元。助手第一天的工资为90美分，另外110天的工资为91美分，共计101美元。工时共计为303天。

75. 车上原有108个人，第一站下车的人数为18个，第二站下车的人数为18个，第三站下车的人数为36个，第四站下车的人数为27个，到终点站前最后一站下车的人数为6个。

76. 设男子为x人，女子为y人，小孩为z人，根据题意有：$5x+2y+0.1z=120$，$x+y+z=120$，解得$x=17$，$y=13$，$z=90$。

77. 胡特太太在周六的瓷器促销活动中买了10个盘子，单价为13美分。星期一，她以15美分的单价退还了盘子，并换得了18个碟子（单价为3美分）和8个杯子（单价为12美分），总价值1.5美元。如果是在星期六，她能买到13个杯子（单价为10美分）。

78. 这个人去世时18岁。

79. 按照对本对利的算法，头一年的本金和息钱到了第二年都要翻倍，第一年是1斤，第二年是3斤，第三年是7斤，第四年是15斤，第五年是31斤，第六年是63斤，第七年是127斤，第八年是255斤，第九年是511斤，第十年是1023斤，第十一年是2047斤，第十二年是4095斤，第十三年是8191斤，第十四年是16383斤，第十五年是32767斤，第十六年是65535斤，第十七年是131071斤，第十八年是262143斤，第十九年是524287斤。

80. 开始时，卖牛奶的人的桶里有$5\frac{1}{2}$升水，B桶里有$2\frac{1}{2}$升牛奶，倒完后A桶里有3升水和1升牛奶，而在B桶里有$2\frac{1}{2}$升水和$1\frac{1}{2}$升牛奶。

81. 假设铅笔的单价等于x，钢笔的单价等于y，圆珠笔的单价等于z，橡皮的单价等于q，可以得出：

$2z+q=3$ （1）

$4y+q=2$ （2）

$3x+y+q=1.4$

把（1）×1.5，把（2）÷2，可以得出：

$3z+1.5q=4.5$

$2y+0.5q=1$

$3x+y+q=1.4$

把三者加起来就是 $3x+3y+3z+3q=6.9$，由此可知$x+y+z+q=2.3$。

82. 2号桶有20升牛奶，1号桶有44升水，混合之后，两桶各有32升混合物，2号桶有12升牛奶，1号桶有8升牛奶。1、2号桶混合物的售价分别是8、10美分/升，实际牛奶价格为40美分，依此可以得到答案，利润为536美分。

83. 如果用字母X、Y、Z、T分别表示白、黑、花、棕各色的公牛数；用x、y、z、t分别表示白、黑、花、棕各色的母牛数，则得这8个未知数的如下7个方程：

(1) $X-T=(5/6)Y$

(2) $Y-T=(9/20)Z$

(3) $Z-T=(13/42)X$

(4) $x=7/12(Y+y)$

(5) $y=9/20(Z+z)$

(6) $z=11/30(T+t)$

(7) $t=13/42(x+x)$

由方程(1)(2)(3)得$6X-5Y=6T$，$20Y-9Z=20T$，$42Z-13X=42T$。以这三个方程解3个未知数X，Y，Z，得：

$X=(742/297)T$，$Y=(178/98)T$，$Z=(1580/891)T$

因为891和1580没有公因子，T必定是891的某一整倍数——假设为G倍，因此得：

(I) $X=2226G$，$Y=1602G$，$Z=1580G$，$Y=891G$

若将这些值代入方程(4)(5)(6)(7)，得下列方程：

$12x-7y=11214G$，$20y-9z=14220G$，$30z-11t=9801G$，$42t-13x=28938G$。

解这些方程的4个未知数x、y、z、t得

(II) $cx=7206360G$，$cy=4893246G$，$cz=3515820G$，$ct=5439213G$

其中，c是质数4657。因为在各式右边G的系数中没有一个可以被c整除，所以G必定是c的整数倍：$G=cg$

如果把这个G值代入(I)和(II)，最后可得到下列各关系式：

(III) $x=10366482g$，$Y=7460514g$，$Z=7358060g$，$T=4149387g$

(IV) $x=7206360g$，$y=4893246g$，$z=3515820g$，$t=5430213g$

这里G可以是任何正整数。所以，本题具有无数组解。若指定g值为1，则得下列最小数值的解：

白公牛：10366482；	白母牛：7206360；
黑公牛：7460514；	黑母牛：4893246；
花公牛：7358060；	花母牛：3515820；
棕公牛：4149387；	棕母牛：5439213。

84. 他们用$\frac{1}{3}$小时，行驶6、9、12和15千米的$\frac{1}{3}$。20分钟的训练，他们同时经

过或回到其出发点共三次，时间分别为训练开始后的第$6\frac{2}{3}$分钟、$13\frac{1}{3}$分钟和20分钟。

85. 设她年龄的两位数字分别为x和y，则其数值等于（$10x+y$）。把这两位数字颠倒过来，则其数值为（$10y+x$）。所以，（$10y+x$）$/3+34=10x+y$。由此，$29x-7y=102$。

依简单不定方程的基本原理，此式的通解为：$x=7k-3$。但x为一位数，所以$k=1$，$x=4$，$y=2$。女子的年龄为42岁。

86. 布朗和琼斯原来的投资按比例分了2500美元后，三人的股份正好相等，这说明布朗和琼斯原来的总投资为7500美元。而布朗的投资额度是琼斯的1.5倍，故布朗原本投资了4500美元，琼斯原本投资了3000美元。根据分配后他们3人的股份都为2500美元，所以布朗应收2000美元，琼斯应收余下的500美元。

87. 将草场的总草量设为1，奶牛、羊和鹅每天的食用量分别设为x、y、z，根据题意，可列方程求得奶牛每天吃1/60的草量，羊每天吃1/90的草量，鹅每天吃1/180的草量。奶牛和羊36天能吃完现有的草，在此期间，每天新长出的草可供鹅消耗。

88. 两人起初都有25美元，杰姆以15：1的赔率押下赌注15美元，赢得了225美元，使他的赌本增至250美元。杰克以10：1的赔率押进赌注10美元，赢得了100美元，使其赌本增至125美元，正好是杰姆的一半。

89. 将原来的人数设为x，得到的钱数设为y，救济款的总数为a，根据题意有：$xy=a$，$(x-5)(y+2)=a$，$(x+4)(y-1)=a$，解得$x=20$，$y=6$，$a=120$。即每人得到了6元，总共有20人，共计向他们分发120元。如果少来5个人，每人能得到8元。如果多来4个人，每人能得到5元。

90. 羊群的数量是不变的，所修的羊圈不管是长方形还是正方形，所要求的面积应该是相等的，又因为题目要求的是“至少有多少只羊”，那么，假设每隔一个单位竖一个木桩，那么一个边长为1个单位的正方形羊圈，其面积为1个平方单位，而修面积为1个平方单位的长方形，所用的木桩显然会减少。那么，假设正方形的边长变为2个单位，其面积则为4个平方单位，所需木桩则为8个，而修一个面积为4个单位的长方形羊圈，则需要10个木桩，刚好符合题意。且因为每个木桩可拴1只羊，所以这个羊群至少应有8只羊。

91. 根据比蒂的打油诗可以判断比蒂在40年前是18岁，比蒂现在已经58岁了。

92. 按下表安排修女的房间。

修女失踪前：

顶层				第二层		
1	5	1		1	2	1

5		5		2		2
1	5	1		1	2	1

修女失踪后：

顶层				第二层		
3	2	3		1	1	1
1		1		1		2
4	1	3		1	1	1

93. 从打斗一开始，小鱼就占据优势，所以只可能是小鱼获胜。答案可以根据以下计算方法得出：小鱼3条一组分别对付3条大鱼，另外4条小鱼对付剩下的一条大鱼，这4条小鱼需要3分钟解决第一条大鱼。之后这4条小鱼中的2条协助一组，另外2条协助另一组。杀死第二条大鱼之后，分别由7条和6条小鱼进攻剩下的两条大鱼。最后一条鱼还会受到13条小鱼一起发起的进攻，最终小鱼获胜。

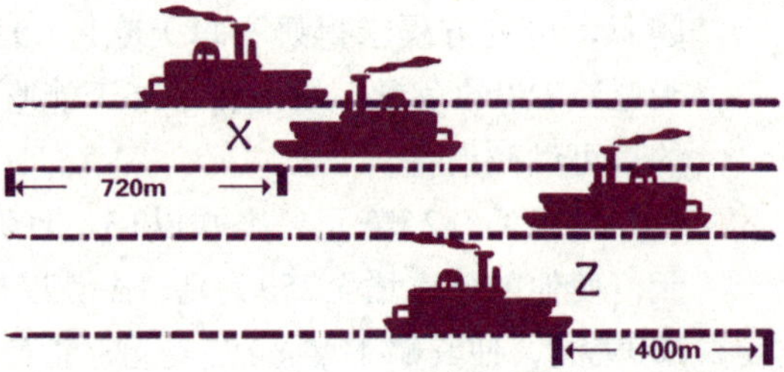

94. 当两艘渡轮在右图上的X点相遇时，它们距左岸边720米，经过的路程之和等于河宽。当它们双方抵达对岸时，走过的总长度等于河宽的2倍。而停留时间多少对该题没有影响。再次在Z点相遇时，它们的路程之和等于河宽的3倍，所以每一艘渡轮现在所走的距离，应该等于它们第一次相遇时所走距离的3倍。第一次相遇时，第一艘渡轮行驶的路程为720米，当它到达Z点时已经行驶的路程为3×720=2160米。而这个路程的长度比河的宽度多出了400米。因此，减去400米即可得到河的宽度，答案是1760米。

95. 在这个问题中，捡回100只土豆需要跑2×（10+20+30+40+50+970+980+…990+1000）=101000米。尽管表面上看，速度更快的汤姆会取得比赛的胜利，不过，如果哈里首先捡回第99只土豆（捡回这只土豆时，汤姆原地不动），哈里将会以微弱的优势赢得比赛的胜利。哈里捡回他的49只土豆需要跑49980米。而汤姆的速度快些，在同样的时间内，他可以跑过50999.5米，由于他必须捡回50只土豆，哈里将以不到半米的优势获胜。

96. 设儿子的年龄为x，那么爸爸的年龄为$6x$，根据三人的年龄为70岁的两倍时，爸爸年龄是儿子年龄的两倍，可列式：$2\left(x+\frac{70}{3}\right)=6x+\frac{70}{3}$，解得$x=5\frac{10}{12}$，故儿子的年龄是5岁零10个月，爸爸是35岁，妈妈是29岁零2个月。

97. 7分钱只可能买1分钱两个的面包和2分钱三个的面包，而每个孩子拿到的面包完全相同，则共有3个儿子和3个女儿。1分钱两个的面包一人一个，2分钱三个的面包一人一个。

98. 31200÷800=39。2月8日，绕地球一圈后回到起点，共计39天。

99. 设玛丽与汤姆初次见面的年龄为x，则汤姆为$3x$；玛丽现在的年龄是$3x$，则汤姆为$5x$；当玛丽是$9x$时，汤姆应为$11x$，则有：$9x+11x=100$，解得$x=5$，汤姆和妻子第一次见面时汤姆是15岁，妻子是5岁。在题目中的2月29日，汤姆25岁，妻子15岁，所以当他55岁的时候，妻子为45岁，年龄之和正好为100岁。下一个闰年的2月29日汤姆为29岁。

100. 从150和300两个球洞的距离可以150打一杆和两杆来完成；250这个距离可以125打两杆来完成；而打325这个距离时，可以150一杆先打3杆，球将超过球穴125，然后再往回打一杆125刚好将球击进洞穴；后面的可以依此法进行，当把两个击球的距离分别定为150和125码时，击球杆数为最少，只需26杆。

101. 全部答对的有6人。如果所有人全部答对，那么应该有300人次，减去答对的202人次，再减去中间答错4道的20人次和答错2道的18人次，还有60人次，他们是答对3道和5道的人所失去的。所以，答对3道和5道的人数分别是15人，全答对的就是6人。

102. 根据题中给出的栗子分配数据：尼莉、玛丽和苏西的年龄之比应为9∶12∶14。因此，770颗栗子的分法如下：最小的尼莉分到198颗，年纪稍大的玛丽分到264颗，而最年长的苏茜分到308颗。

103. 设扶梯每秒运行x级，根据题意有：$40x+80=50x+75$，解得$x=0.5$，故40秒的时间，扶梯运行了20级，男孩走了80级，扶梯静止时一共100级。

104. 迈克的本钱是260美元，科比的本钱是80美元，汉斯的本钱是140美元。第一局之后，迈克只剩下40美元，科比和汉斯分别有160美元和280美元；第二局之后，迈克有80美元，科比有320美元，而汉斯只有80美元；第三局之后，他们三人都有160美元。迈克是唯一的输家，三局共输了100美元。

105. 共有900人参加野餐会，早上出发时有100辆马车，每辆车上有9人；当坏了10辆车时，每辆马车上坐10个人，比之前多1个人；当又坏了15辆马车时，每辆车必须坐12个人，比早上出发时多了3个人。

106. 如果你想赢得比赛，应该首先叫2或者4点。

107. 假设A为一把叉子和1把匙加在一起的价钱，B为一把小刀的价钱，C为丽莎所花的总钱数，则可得到下列等式21A=C=28B，即21A=28B，所以$A=\frac{4}{3}B$，也就是说，叉子和匙的单价是小刀单价的$\frac{4}{3}$。如果丽莎买x套餐具，则有x(A+B)=C。A用$\frac{4}{3}$B代替，C用28B代替，就可得到$x(\frac{4}{3}B+B)=28B$，两边都除以B，得到$\frac{7}{3}x=28$，所以$x=12$。也就是说丽莎身上的钱正好能买12套餐具。

108. 第一个女孩的年龄是638天，第一个男孩的年龄是她的两倍，即1276天；第二天，第一个女孩的年龄是639天，新来的姐姐的年龄是1915天，共计2554天，是第一个男孩这天的年龄（1277天）的两倍；第三天，第一个男孩的年龄是1278天，他的哥哥年龄是3834天，共计5112天，而两个女孩的年龄分别是640天和1916天，所以男孩年龄之和是女孩年龄之和的两倍；第四天，两个女孩的年龄各增加了一天，达到了2558天，最后一位姐姐的年龄是7670天，三人年龄共计10228天，而两位男孩这天的年龄是5114天，所以女孩的年龄是男孩年龄的两倍。7670天是这样算出来的：由于第四天最后来的那位姐姐的年龄正好是21岁，即21×365=7665天，加上四个闰年的每年多出的一天，再加上生日当天的一天，得到这位姐姐的年龄是7670天。因此，第一个男孩的年龄应该是1276天。如果你忽视了孩子们的年龄每天都在增长，那么你就会得出3岁半这个错误答案。

109. 由于守财奴能够把不同类型的金币平分成4、5、6份，所以每种金币他至少都有60枚，共计为2100美元。

110. 奥尼尔太太买香蕉用了336先令，她可以买到48串红香蕉、48串黄香蕉，一共96串。但如果把买香蕉的钱对半分开，用168先令买红香蕉，再用168先令买黄香蕉，那么她可以买到42串红的、56串黄的，一共98串。

111. 琼斯和玛丽亚有300只小鸡，饲料还能维持60天。300乘以60可以得到可供消耗的鸡饲料为18000个单位。如果按照琼斯的想法，再卖掉75只小鸡，那么还剩下225只，18000个单位的鸡饲料能维持80天。比60天多出20天。如果按照玛丽亚的想法再买进100只，那么18000个单位的鸡饲料只够400只小鸡使用45天，比60天少了15天。

112. “按照习惯85只小鸡可以交换1匹马和1头奶牛，5匹马的价格等于12头奶牛的价格”，从这一句描述中我们可以容易地算出，一头奶牛值25只小鸡，一匹马值60只小鸡。他们已经选中了5匹马和7头奶牛，值475只小鸡。按照约翰的说法，将奶牛的头数加倍，他们的小鸡正好够用，那么可以算出他们共有650只小鸡。

113. 年金为35美元。第一年，大女儿菲比的年龄为10岁，马塔为8岁，玛丽安为2岁。三人分别得到了17.5美元、14美元、3.5美元。第六年，他们的年龄分别为15、13和7岁，加起来为35岁。三人分别得到15美元、13美元和7美元的年金。

114. 将A美元B美分钱化成以分为单位即是（100A+B）美分钱；同样将B美元

2A美分钱化成以美分为单位即是（100B+2A）美分钱。根据题意可知，史密斯之前有99美元98美分，现在还剩下49美元99美分，花了49美元99美分。

115. 在这道题目中，共有11个位置可以满足条件“结束时看见分针和时针间的距离与理发开始时它们的距离相等。开始时，分针在时针后面，理发结束时分针在时针前面”，但是，只有一个位置可以满足图中秒针的位置。这个答案是10时47分$2\frac{8}{11}$秒，结束时的时间为11时2分$2\frac{8}{11}$秒。

116. 共计需要19个步骤。方法如下：先上第一步梯子，然后返回地面，此后上台阶的顺序为1，2，3，2，3，4，5，4，5，6，7，6，7，8，9，8，9。地面、梯子顶部和梯子的每一步都使用了两次。

117. 波卡毫特斯女士的年龄是24岁，小约翰的年龄是3岁。“高7倍”实际就是“8倍”的意思，很多人没能理解到这一点。

118. 解答这道题我们首先要根据题意作图，如图所示，设A点为正方体的重心，以A点为坐标的中心，x轴与正方体的边缘相交于C点，那么AB的长度为9cm，过B点作BD垂直于AC，再根据tgα $1=\frac{0.25}{0.5}=\frac{1}{2}$，

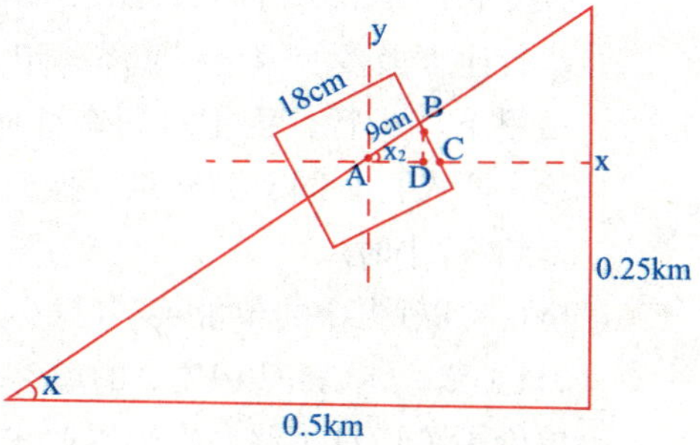

故有tgα $2=\frac{1}{2}=\frac{BD}{AD}$。又根据勾股定理$AD^2+BD^2=9^2$，可解得$AD$=6cm，$BD$=3cm。三角形$ABC$为直角三角形，根据勾股定理$AB^2+BC^2=AC^2$，可解得$AC$=10.5cm，那么$DC$=4.5cm，即担子的重心就向后移了4.5厘米，因此，前面的人离重心的长度实际为36+9+4.5=49.5厘米。故后面的两人与重心的距离应该为14.75厘米和34.75厘米。

119. 三位新娘的总体重为198千克，每两人之间的重量差为5千克。凯特、尼尔和米尼小姐的体重分别为61、66和71千克。约翰和凯特是一对，两人体重均为61千克。尼尔和威廉（99千克）是一对，总体重为165千克。米尼和查尔斯（142千克）是一对，总体重为213千克。

120. 我们所说的闰年就是每年有$52\frac{5}{28}$周，那么，要让这里的$\frac{5}{28}$周变成整数就至少需要28年时间。也就是说，每隔1461周就会遇到一个以星期六结束的年底。题目中的硬币数目可以被4、5和6整除，那么我们必须要找到一个可以被60整除的数，1461的20倍，即29220正好可以被60整除，29220周是560年，这个数字也代表该寺庙有560年的历史了。

121. 按照常规方式最多只能栽种36株葡萄。如果先画出对角线，并按此方式将葡萄栽种成斜线，那么可以栽种41株，在底线位置栽种5株。另外一种方法

可以栽39株。在底线栽种6株，间隔7.77米再栽种一排5株，然后间隔7.77米再栽种一排6株葡萄，以此方法共计可以栽种39株。

122. 老师每天用1支粉笔，因此，他用9支粉笔需要9天，而每支粉笔又有1/3的剩余，那么就有9支剩余粉笔。又知，3支剩余粉笔可以接成一支新粉笔，又可以再用3天，这9支粉笔可供使用的天数增加到12天。而最后3天剩余的粉笔又能接成1支新的粉笔，这样，9支粉笔就可以供老师用13天。

123. 当针表启动1小时后，本应是指向7点的时针此时指向12点，而本应指向12点的分针此时则指向7点。因为分针与时针转动的比例为1：12，故钟表在7时35分$27\frac{1}{3}$秒可显示正确的时间。

124. 儿子承担95千克的重量，占总重量的95/220。所以，驴距离他的距离为总长度的125/220，即为1.28米。

125. 步行速度最慢的丙全程骑车，甲先与他同骑31.04千米，乙在下面步行。之后甲下车步行，丙把自行车往回骑，在距出发点5.63千米处遇到步行的乙，两人再一同骑到终点。他们到达终点时，甲也正好到达终点。总时间不到2.3小时。

126. 格特玲以1先令的单价买了1只小猪，她的丈夫克勒里斯以8先令的单价买了8只小猪；卡特伦以9先令的单价买了9只小猪，她的丈夫克拉斯以12先令的单价买了12只小猪；安娜以31先令的单价买了31只小猪，她的丈夫亨德里克以32先令的单价买了32只小猪。

127. 很多数学家和趣题爱好者对这道猫狗赛跑题目是这样理解的，他们认为，猫狗每一跳的长度分别为3米和5米，猫跳5次的同时狗跳3次，因此他们的速度是相等的。结果是打成平手。如果是直线向前跑，这样的答案没错。但在起点和终点之间往返跑225米的这道题目中，每一段路程为112.5米，狗需要23跳才能到达树桩，返回也是一样，共计46跳。狗跳46次能跑230米，浪费了5米。猫往返需要跳76次，共计228米。因此，塔比将赢得比赛的胜利。

128. 信使送信的路程是120.7千米，即信使走过的路程是队伍的长度加上该长度的根号2倍。信使经过209.506千米才完成任务。

129. 可以将总时间分成四个部分，时间分别为27.625、27、27.125和27.125秒。每一段时间跑完1/4千米。因此，跑完1千米的时间为1分48.5秒。

130. 根据“这个十位数的3次方是个四位数，4次方是个6位数”这个条件可知17以下的数包括17是不符合这个条件的；而22以上的数包括22在内也不符合这个条件。从18～21这几个数来推断，只有18符合题意，故哈利女朋友的生日是1月8日。

131. 设姑妈的年龄为x，则$x=5(x+5)-5(x-5)$，$x=50$，即姑妈现在50岁。

132. 设这本书共有x页，根据题意有：$\frac{3}{4}x-\frac{1}{4}x=20$，解得$x=40$。这本书一共有40页，爱丽已读了10页，还剩30页没读。

133. 修两条相交的小路，只有1个交叉口。再修一条小路，则这条小路和已修好的两条都相交，增加2个交叉口，因此，3条小路两两相交有1+2=3（个）交叉口。又再修一条小路，则这条小路和已修好的3条都相交，又增加3个交叉口，因此，4条小路两两相交有1+2+3=6（个）交叉口。第5条小路和已修好的4条都相交，又增加4个交叉口，因此5条小路两两相交共有交叉口1+2+3+4=10（个）。依此类推，8条小路两两相交共有交叉口1+2+3+4+5+6+7=28（个）。

4

44道

最经典的图形数学游戏

001 找圆心

时间限制：1分钟
是否完成：是（ ） 否（ ）

这里有一个圆，不知其圆心在何处。请你设法找出其圆心。

思维点拨

在圆内找到两条相交的最长的线段，其交点即为圆心。

002 几何图形

时间限制：3分钟
是否完成：是（ ） 否（ ）

迷人的戴比姑娘是个解决几何图形问题的高手。她拿出一面旗子（如图，旗子中央的白色十字架是一个空洞），把它剪成两部分，然后用这两部分就能拼凑成一个正方形。你知道她是怎么做的吗？

思维点拨

她是利用了旗子中间的空洞部分来裁剪的。

003 切大饼

时间限制：3分钟
是否完成：是（ ） 否（ ）

汉斯太太是个十分挑剔的人，今天她又让她的厨师将早餐食用的大饼，用刀子沿直线切6次，每两条线都要相交，并且不准有重合的交点。请问，按照这种方法，她的厨师最多能把这张大饼切成多少块？

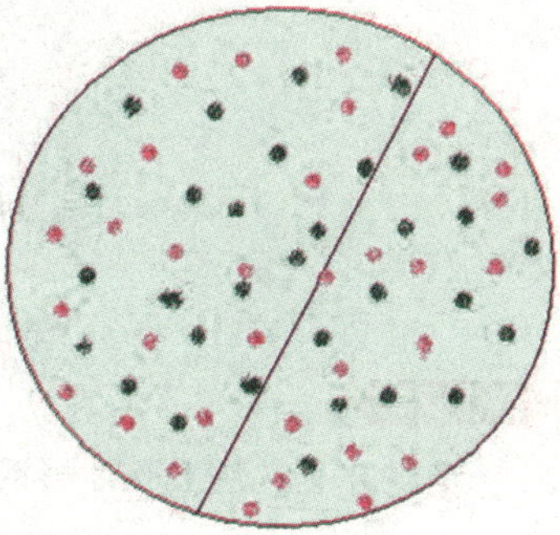

思维点拨

每两条线都要相交，也就是所切的6条直线都要两两相交，不准有重合的交点，那最多会有5+4+3+2+1=15个交点。

004 全等的正方形

时间限制：1分钟
是否完成：是（ ）否（ ）

这是由16根火柴棍构成的图案，问题是：如何移动3根火柴棍，构成4个全等的正方形？

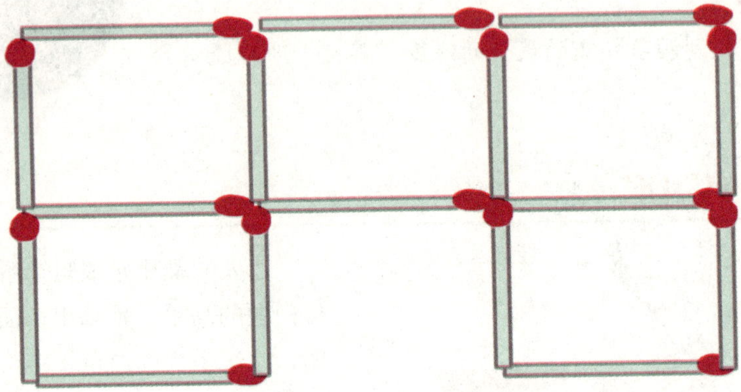

思维点拨

这3根火柴棍需要拆掉两个正方形。

005 十字架问题

时间限制：2分钟
是否完成：是（ ）否（ ）

怎样剪裁图中的希腊十字架，才能使剪出来的三部分拼成一个长方形？要求长方形的长是宽的两倍。

思维点拨

要利用十字架上长方形的对角线做长方形的边。

006 拼正方形

时间限制：2分钟
是否完成：是（ ） 否（ ）

任何长宽比例的长方形都可以通过以下程序拼凑出一个正方形来。从底部开始把矩形划分成若干个方格，顶边空出一格，这样宽就比高长一些。沿粗线将两块板锯开后，两片木板恰好能够拼接。解决木匠拼正方形问题时我们已知，必须将底边分隔成小方格，长比高多一个方格，然后向上移动一个，就能够再拼成一个完美的正方形。

如左下图所示，我们将长方形的长和宽相加，得到的长度就是AB的长度，取中点C，以CB为半径画出半圆AB，ED的长度就是拼接后的正方形的边长，因此，我们将长方形的宽分成5个小方格，在底边留出一个空格，再顺中间的粗线锯开后，向上挪一格，就会得到正方形了。

运用此方法，你能够将右下图中的两块木板拼成两个正方形木板吗？

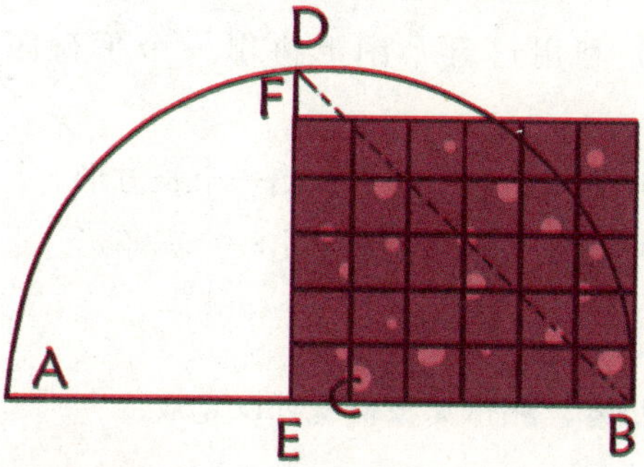

思维点拨

只需将长方形的宽和长分别分成相等的小格，然后照图中所示的方法，就很容易拼成两个正方形。

007 往返的军舰

时间限制：1分钟
是否完成：是（ ） 否（ ）

舰队司令塔格正在演示在只转七次弯的情况下，怎样驾驶军舰从5个圆环中心通过，而后再回到起点。然而，司令告诉他的学员，运用海军战略，不必转七次弯也可以完成一次往返。那么，请问最少转几次弯呢？

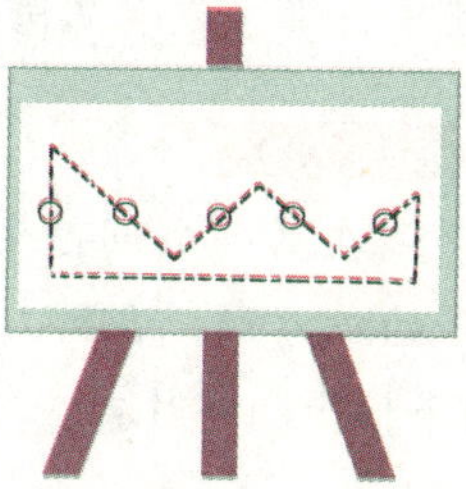

思维点拨

在同一直线上的圆环穿过它们的中心时不必转弯。

008 拼图游戏

时间限制：3分钟
是否完成：是（ ）否（ ）

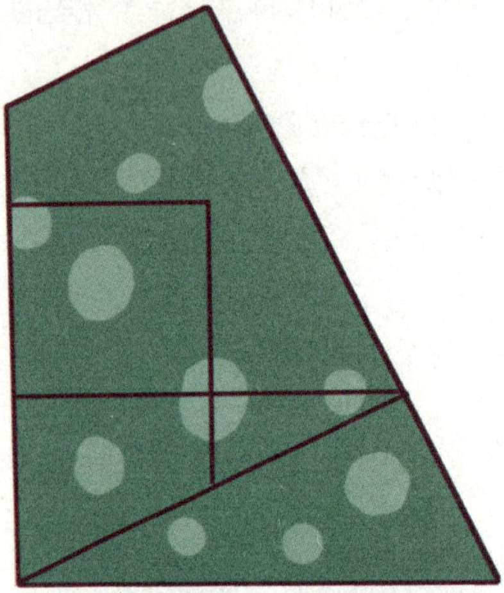

用一个不规则四边形分别拼出正方形、十字架形、平行四边形、菱形、长方形和三角形6种几何图形。不规则四边形指的是任何两边都不平行的四边形。这个问题最有趣的部分是可以用左图的分法把四边形分成五部分，并用这五个部分构思出了五道精彩的趣题。

（1）利用这五个图形拼出一个正方形。

（2）利用这五个图形拼出一个十字架形。

（3）利用这五个图形拼出一个平行四边形。

（4）利用这五个图形拼出一个长方形。

（5）利用这五个图形拼出一个三角形。

思维点拨

找一些相同形状的纸片，尝试自己动手拼凑，相信你很快就可以完成。

009 正方形布片

时间限制：5分钟
是否完成：是（ ）否（ ）

道拉斯希望把11块正方形的布片拼凑在一张12×12的布上，每一块布的格子不少于4个。你知道拼法吗？如果必须使用一块只有1个格子的布块，那又该怎么拼呢？

思维点拨

在第一个问题中，要尽可能多地使用4个格子的正方形。在第二个问题中，则要多使用几个1个格子的布片。

010 月牙变十字架

时间限制：3分钟
是否完成：是（ ） 否（ ）

这是一道关于如何将月牙形转换成希腊十字架形的趣题。请你将月牙形切割开，然后拼接成希腊十字架形，要求尽量少切。你能准确地完成吗？

思维点拨

月牙的两头要切成三角形的形状。

011 赢格子游戏

时间限制：3分钟
是否完成：是（ ） 否（ ）

这里有一个有趣的连线小游戏。如图所示，一个日本姑娘在纸板上画了16个点，然后用直线连接AB，再把纸板交给她的对手，对手连接EA。如果姑娘此时连接EF，那么她的对手就可以连接BF，这样对手就赢得了一个“格子”，并且还可以再连接一次。不过，两人都是高手，每人都连接了6次了，还没有人得分，局面成了僵局。现在，轮到姑娘连接了。如果她连接MN，那么她的对手就可以连得4分，赢得4个格子，然后再连接HL，并赢得全胜。显然她不能连接MN。如果她现在连接DH，她的对手连接HL，那么不管怎样对手都可以赢得所有的格子。你觉得现在应该怎么连呢？她最多可以赢得多少个格子？

思维点拨

她连的一条线当然是不能让对手可以马上就能赢得一个格子的，在这里只有GH和HL这两条线是可以达到这个目的的，当然还得考虑下一步的情况。

012 6个正方形

时间限制：1分钟
是否完成：是（ ）否（ ）

用9根火柴构成6个正方形，该如何摆放？

思维点拨

可以考虑把一根火柴架在另一根上，另外由小正方形构成的大正方形也可算在内。

013 木匠的难题

时间限制：3分钟
是否完成：是（ ）否（ ）

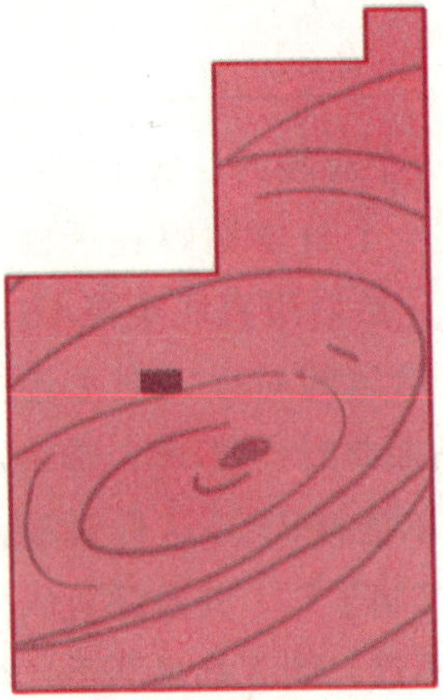

木工房的木匠有一块上好的木板，如左图所示。面积为木板上最小的方格的81倍。也就是说，如果小方格的边长为1厘米，那么另外两个方格边长就分别为4和8厘米。他想用这块木板做成一扇正方形窗门，边长为9厘米，但不能浪费一点木料。这样，他最少需要将木板锯成多少块才能拼成一个正方形呢？

思维点拨

要以木板最长的那一条边作为正方形的边长去踞开，才可以锯最少的块数而能拼成一个正方形。

014 祭坛的问题

时间限制：3分钟
是否完成：是（ ）否（ ）

公元前432年的雅典，人们在经历可怕的瘟疫之后，向苏格拉底的学生柏拉图咨询关于古希腊提洛的问题。太阳神告诉希腊人，他们必须把寺庙里黄金祭坛的面积扩大一倍才能躲过这场瘟疫。但是，他们却对柏拉图说他们不能做到这一点。

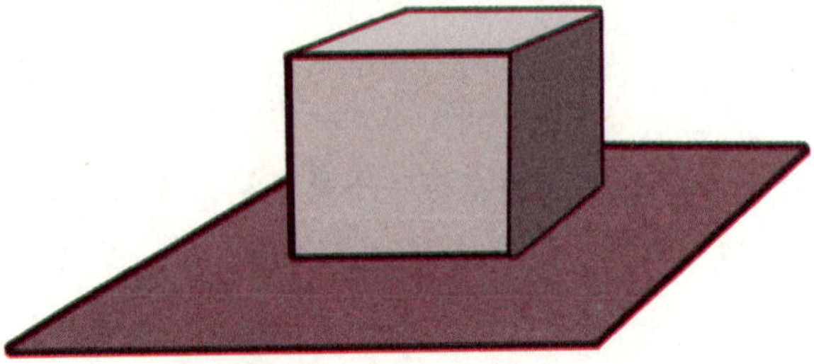

当时最伟大的数学家和哲学家柏拉图提示他们，他们忽视了学习几何知识，是要受到惩罚的，并感叹居然没有人有足够的智慧解决这个难题。

平坦的广场上竖立着一座纪念碑，这就是黄金祭坛，不必做什么想象就可以把它与“几何问题”联系在一起。如图所示，柏拉图注视着大理石纪念碑，纪念碑由一定数量的小立方体大理石石块砌成，建在方形广场的正中央。构成广场地面的立方体数目和构成正方体纪念碑的立方体数目相等，并且每块立方体尺寸相等。

那么请问，建成广场和上面的纪念碑需要多少块立方体?回答了这个问题，你也就等于解决了柏拉图的“几何问题”。假设立方体的数目在1000之内。

思维点拨

这个问题可以看作是“求一个数，它的立方是一个平方数”。

015 白菜地问题

时间限制：1分钟
是否完成：是（ ） 否（ ）

维格斯太太对玛丽说，她今年的正方形白菜地比去年的大。所以，她今年可以多收获211棵白菜。你可否估算出维格斯太太的白菜地横向与纵向各有多少行白菜呢?

思维点拨

因为菜地是正方形的，所以多出来的白菜数就是两邻边的数量，但要注意横行和纵行相交点的那一颗白菜是公共的。

016 玫瑰图形

时间限制：2分钟
是否完成：是（ ） 否（ ）

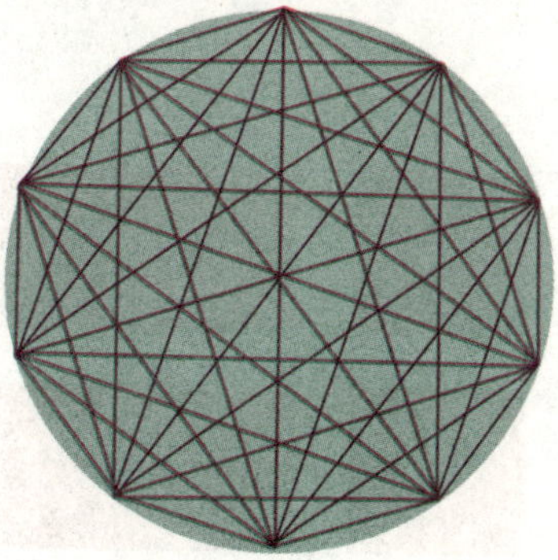

左图是一个神秘的玫瑰图形，绘制的方法是在圆周上点出10个点，然后在点与点之间画上一条直线，一共可以画45条直线。如果用20个点做出一个更大、更好的神秘玫瑰，在不画出这个图形的情况下，你能算出有多少条直线吗?

思维点拨

用20个点来做，就有第一个点与其他19个点连接，第二个点与其他18个点连接。依次类推，可以找到规律并列出一个算式来计算。

017 最大的星星

时间限制：2分钟
是否完成：是（　）否（　）

一位老教授在描述他新发现的星球，右图是他先画出的其他15颗大小不同的星星。这时，他要画出他新发现的星球。新星球是这些星星里最大的一颗。请你帮教授画出一颗五角星，要比其他任何一颗都大，并且不能碰到其他的星球。

思维点拨

这个大五角星的中间包含了一个小五角星。

018 移火柴变图形

时间限制：1分钟
是否完成：是（　）否（　）

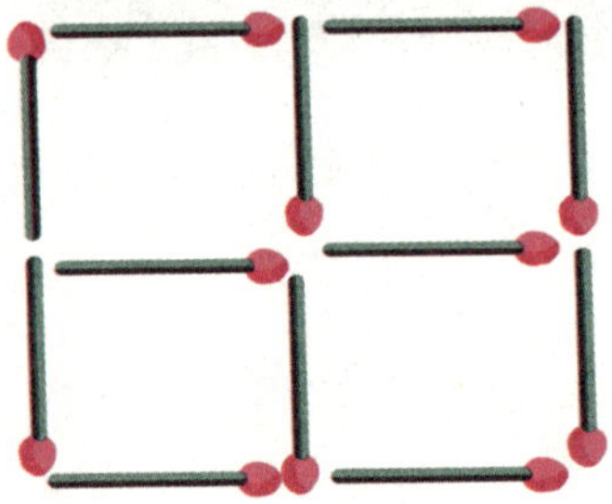

图中是由12根火柴构成的4个相等的正方形，只移动2根火柴，要形成7个不全相等的正方形，该怎么移？

思维点拨

可以考虑把一根火柴架在另一根上。

019 十字架的宽度

时间限制：2分钟
是否完成：是（　）否（　）

丹麦国旗上的图案表示的是红土和白色十字架，图案设计依照的规律即白色十字架的面积和红色土地的面积相等。假设旗子宽5米，长7.5米，那么，十字架的宽度为多少才能占旗子面积的一半？

思维点拨

利用周长与对角线来进行计算。

020 公主的难题

时间限制：8分钟
是否完成：是（ ）否（ ）

瑞士海军上将托米是公主的追求者之一。为了讨公主喜欢，他请来全国所有的聪明人帮公主解答下面的难题。题目是这样的：将如图所示的棋盘切开，要求不能有任何两块的样子相同（即所含的黑白方块不能相同），其中最小的一块应只有1个方格，最大的一块应只有8个或者12个方格，那么最多能把棋盘分成几块？

思维点拨

分割开的两块棋盘所含的黑白方块不能相同，但并没有说它们的形状不可以相同。

021 火柴建桥

时间限制：2分钟
是否完成：是（ ）否（ ）

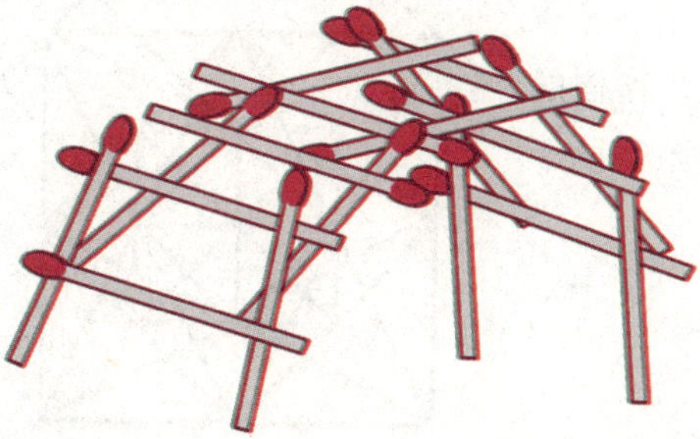

如果你准备好若干大的、着色的火柴棍，就可以建造一座左图中这样的桥。它考验你：双手是否沉稳？头脑是否冷静？请你考虑：有没有一定的搭建程序？

思维点拨

可以先画出这座桥的平面展开图。

022 最大的土地

时间限制：1分钟
是否完成：是（ ）否（ ）

有人问少年时期的林肯：“用12根横杆能围出多少土地？”林肯答道：“这要看横杆的长度。”现在，这里有一道趣题：假定每根横杆的长度是16米，那么，用12根横杆能围成的最大的土地面积是多少？如果横杆围出正方形的形状，则能围出的土地面积为2304平方米。当然，你还可以干得更好。

思维点拨

横杆的每根长度都是一样的，若每两根横杆之间构成的夹角大的话，所围的土地面积就会最大。

023 边角料问题

时间限制：5分钟
是否完成：是（ ）否（ ）

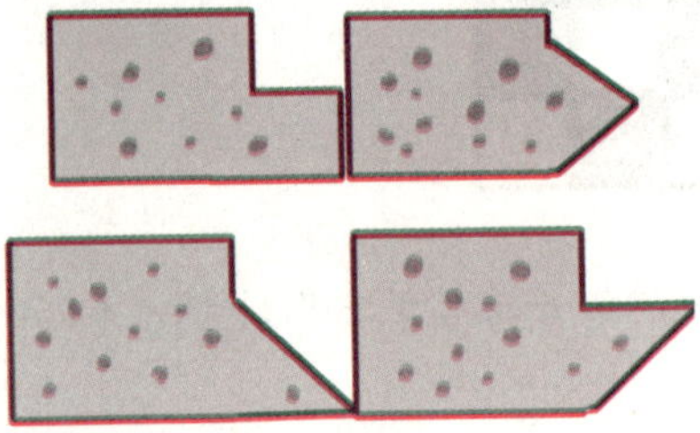

将左图中的四块边角科各剪裁成三个部分，然后拼接成正方形。

思维点拨

首先要依照边角料不规则的边所构成的角度来剪裁合适的三角形。

024 三点组

时间限制：2分钟
是否完成：是（ ）否（ ）

把右面的网络图画在一张大纸上。将21个棋子置于线的交叉点上，要求：形成30个三点组，这样的三点组中的3个棋子在一条线上且每个棋子至少属于一个三点组。

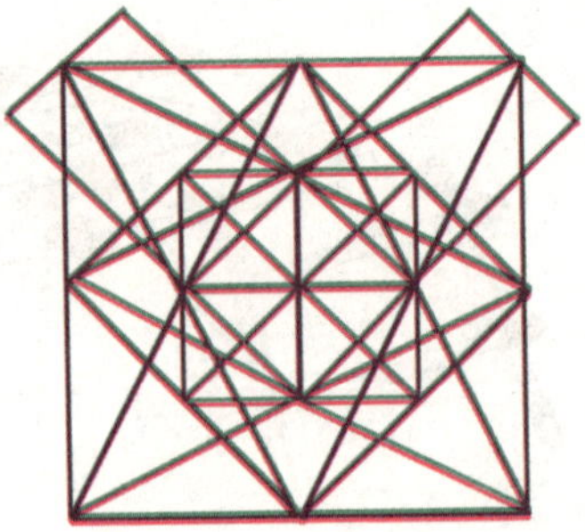

思维点拨

首先按正方形的各边来放置。

025 连十字架

时间限制：2分钟
是否完成：是（ ） 否（ ）

古代巫师梅林为你准备了一个有趣的问题。布置5行圆点，每行各有5个。现在，设法用一笔将圆点连成一个希腊十字架。完成的时候，十字架的外面应该有8个圆点，而里面则有5个圆点（十字架的架臂长度都相等）。

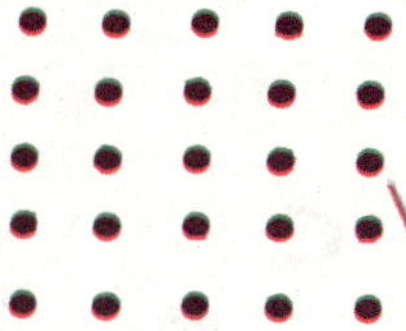

思维点拨

这个十字架应该是斜着摆放的。

026 图形变化

时间限制：2分钟
是否完成：是（ ） 否（ ）

如果1对应于2，那么3对应A、B、C、D、E中的哪一幅图？

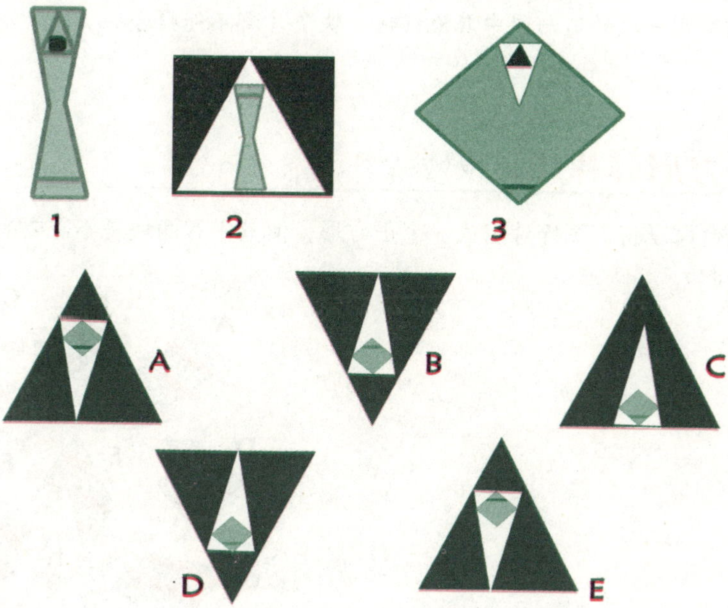

思维点拨

图中的图形运用了放大、缩小以及旋转角度的方法。

027 正方形碎片(1)

时间限制：1分钟
是否完成：是（　）否（　）

正确组合可以将下图碎片组成一个正方形，但其中有一块是不需要的。你能找出是哪一块吗？

思维点拨

仔细观察哪一块的边与图中其他任何一块碎片都不能接合。

028 正方形碎片(2)

时间限制：1分钟
是否完成：是（　）否（　）

正确组合可以将下图碎片组成一个正方形，但其中有两块是不需要的。你能找出是哪两块吗？

思维点拨

仔细观察哪两块的边与图中其他碎片接合后再无法与其他的碎片接合。

029 圆形碎片(1)

时间限制：1分钟
是否完成：是（ ）否（ ）

正确组合可以将下面这些碎片组成一个圆形，但其中多出了两块。你能找出是哪两块吗？

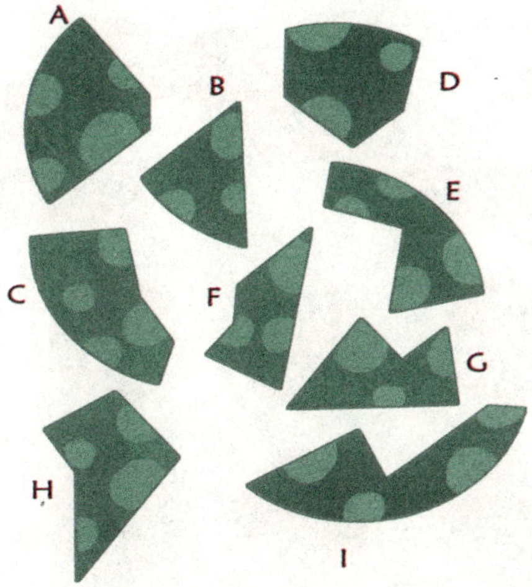

思维点拨

仔细观察哪两块的边与图中其他碎片接合后再无法与其他的碎片接合。

030 圆形碎片(2)

时间限制：1分钟
是否完成：是（ ）否（ ）

将下面4块碎片正确拼合，可以形成一个圆形，但还缺少一块。你能从A、B、C、D中找出缺失的哪一块吗？

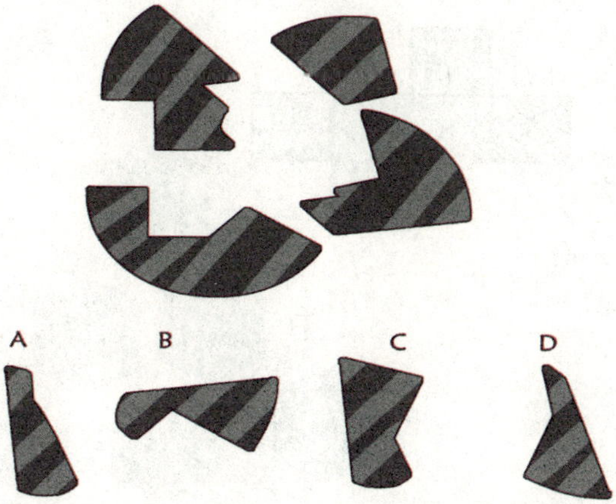

思维点拨

利用排除法将完全无法与拼合后的圆形接合的碎片排除掉。

031 折叠模型

时间限制：2分钟
是否完成：是（ ） 否（ ）

你能找出哪两个模型不能由下图折叠而成吗？

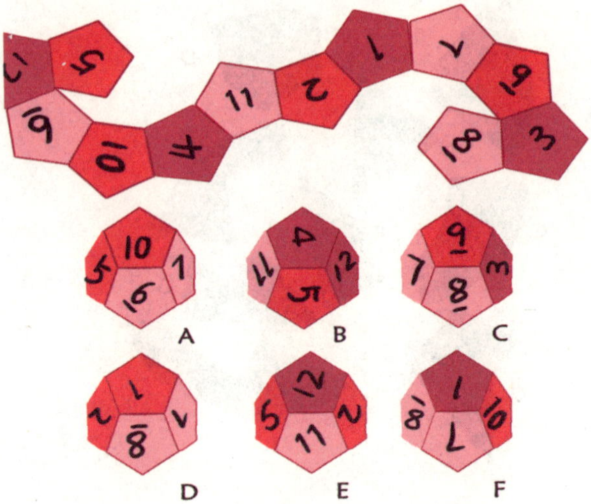

思维点拨

这道题需要发挥一下空间想象力，或者用纸条进行折叠也行。

032 折叠的正方体

时间限制：1分钟
是否完成：是（ ） 否（ ）

你能找出B、C、D、E、F哪个选项不能由A图折叠而成吗？

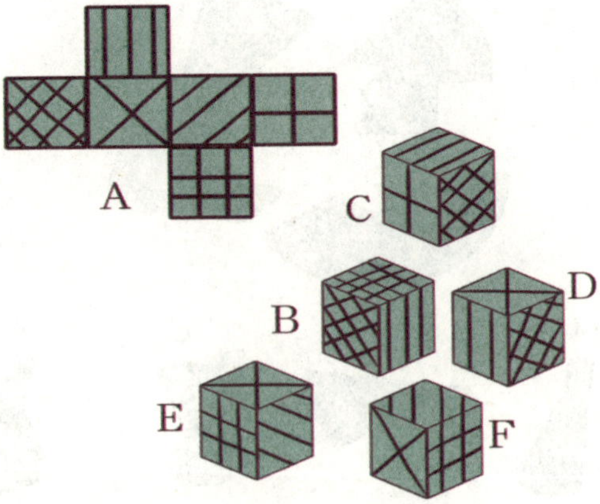

思维点拨

只需看A图中不可能接触的两个面在哪个图形中变成了相邻的两个面。

033 玉米地里的乌鸦

时间限制：3分钟
是否完成：是（ ）否（ ）

用跳棋盘上的64个点代表玉米地里的64堆玉米芽，将8只乌鸦放在这些点上，要求不能有任意2只以上乌鸦在同一行内或是在同一条斜线上。只有这样，持枪巡逻的农夫才不会一枪打死2只乌鸦。想一想，该如何放置？

思维点拨

拿出一张白纸和一支铅笔，试着描绘一下，很容易就可以找到正确的放置方法，因为这个方法是唯一的。

034 井字图案

时间限制：1分钟
是否完成：是（ ）否（ ）

右图是由12根火柴棍构成的井字图。问题是：移动其中3根，使之形成3个彼此接触的全等正方形。

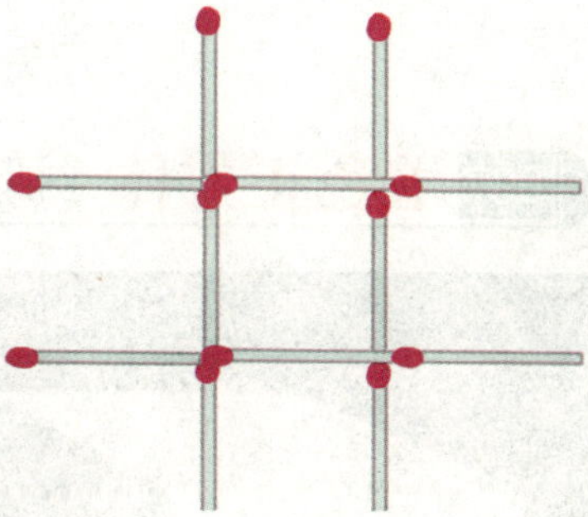

思维点拨

井字的外围有4个只差一根火柴即可构成的正方形，拆掉一个就可以构成另外3个。

035 金砖问题

时间限制：1分钟
是否完成：是（ ）否（ ）

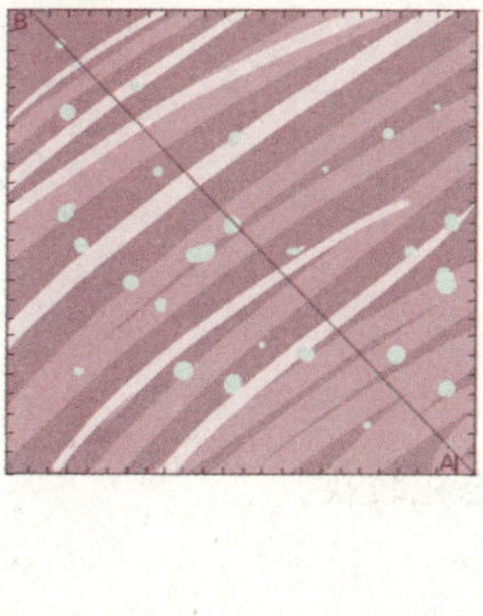

有些事情的实质和外表有很大的区别，人们很容易被表面现象欺骗。在欧洲某个城市的商品交易市场上，有一个商人在卖一块金砖，形状和图上的一样。金砖的每条边有24厘米，分成24个部分。假设中间有虚线相连，金砖就可以分成24×24=576个小方块。现在，有一伙人就要买入这576小块金砖。你注意中间A点到B点之间的斜线了吗?他们沿斜线剪开，把右边的部分向上推一格，再把A点凸出的小三角形减下来填补到B点的缺口上。看一看现在的小方块数目是不是有变化？换句话说，现在的数目是不是23×25=575个?

思维点拨

可以先将图中未画的虚线连起来再回答这个问题。

036 7个三角形

时间限制：3分钟
是否完成：是（ ）否（ ）

在右图中，我们看到：3根火柴棍用泥球连接起来，构成一个等边三角形。你能用9根火柴棍做成7个这样的三角形吗?

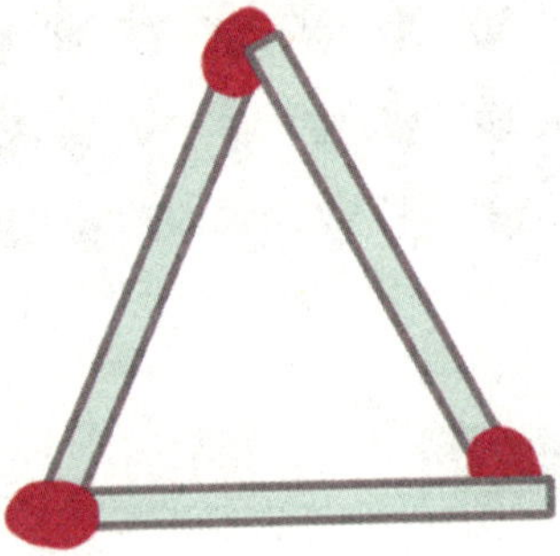

思维点拨

这道题要用到空间思维，这七个三角形不是在一个平面上的。

037 着色正方体

时间限制：2分钟
是否完成：是（ ）否（ ）

将一个木质的正立方体的6个面都染成蓝色，然后把它锯成27个相等的小立方体。请问：三面着色、两面着色、一面着色和没有着色的小立方体各有多少个?

思维点拨

从立方体的隅角数、棱数和面数去思考，计算的速度会比较快。

038 正方形和三角形

时间限制：2分钟
是否完成：是（ ） 否（ ）

你能用9根火柴棍构成三个同样大小的正方形和两个同样大小的三角形吗？

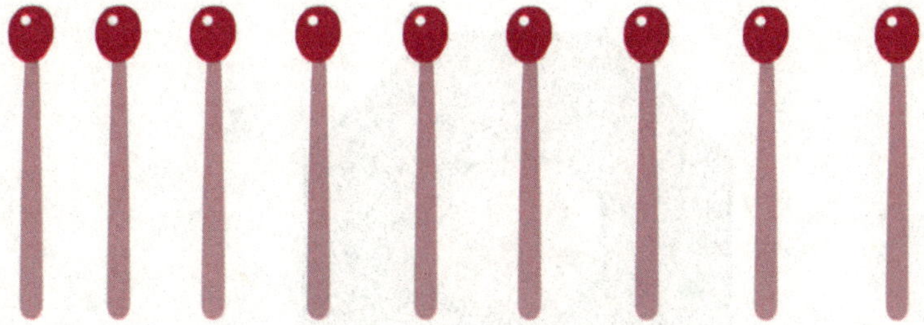

思维点拨

这个游戏同样要用到空间思维，两个三角形会处在两条平行线上。

039 三角形变菱形

时间限制：1分钟
是否完成：是（ ） 否（ ）

下图包括7个全等的三角形（还有第八个三角形，其边长为两根火柴棍），问题是：如何移动6根火柴棍，使之形成6个全等的菱形？

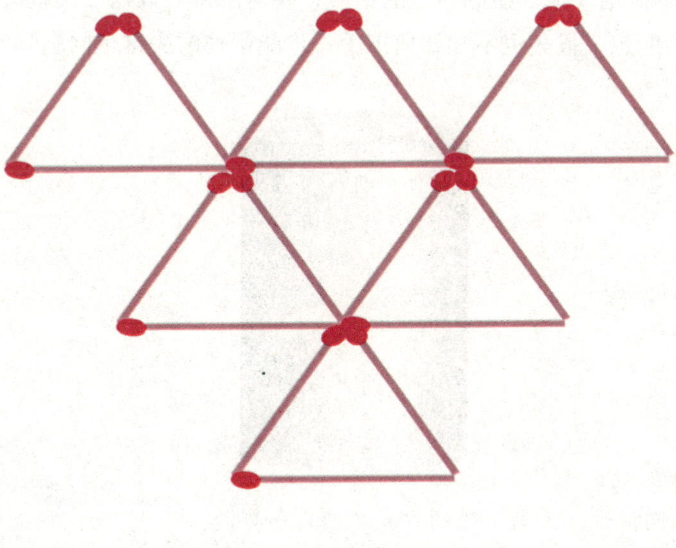

思维点拨

将三角形的底边拆掉，变成菱形的一条边。

040 八角星

时间限制：2分钟
是否完成：是（　）否（　）

把图中的八边形框架，分成8个全等的部分。然后，用它们构成一个八角星（在其中心仍要有一个八边形的洞）。该如何分？

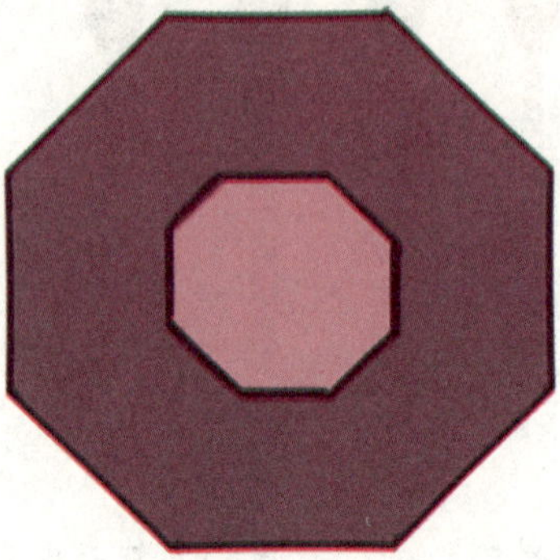

思维点拨

八角星需要8个锐角，所以要考虑分成全等的三角形来解决这个问题。

041 锯钢材

时间限制：2分钟
是否完成：是（　）否（　）

劳斯的师傅给了他一截圆柱形的钢材，要他用锯子只锯三次就将其分成相等的8份，可是劳斯想了很久也不知如何下手。你能帮他解决这个问题吗？

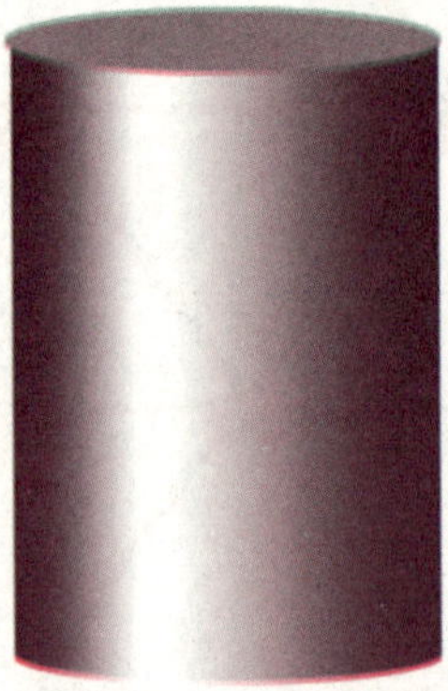

思维点拨

锯这截钢材时，三次下锯的方式不能是一样的。

042 画螺线

时间限制：3分钟
是否完成：是（ ）否（ ）

螺线是这样一种图形：平面上有一条射线OA，动点P从射线端点O沿OA做匀速运动，同时射线OA绕O点做匀角速转动，这时动点P描出的曲线就是螺线。现在让你在一张纸板上画出一条这样的螺线，要怎么画？

思维点拨

可以借助钉子、木板和绳子来画。

043 找图形（1）

时间限制：5分钟
是否完成：是（ ）否（ ）

在下图中可以数出多少个三角形、正方形和矩形？

思维点拨

每一类图形都应从大图形到小图形，或从小图形到大图形逐一数才不致遗漏。此外矩形应还包括正方形在内。

044 找图形（2）

时间限制：4分钟
是否完成：是（ ） 否（ ）

数一数在下图中，有多少个三角形、正六边形和菱形？

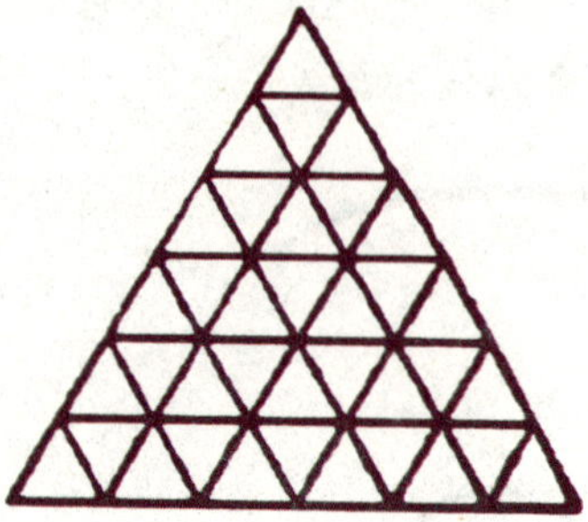

思维点拨

许多正六边形的某一部分既是这个正六边形的一部分，也是另外一个正六边形的一部分。菱形也是如此。

答 案

第4章 44道最经典的图形数学游戏

1. 把一张纸的一角放在该圆的圆周上，这张纸的两边与该圆的圆周交于A和B点，这A和B两点就是该圆直径的两个端点。用同样办法，还能找到该圆的另一条直径的两个端点：C和D点。连接AB和CD，其交点即该圆圆心。

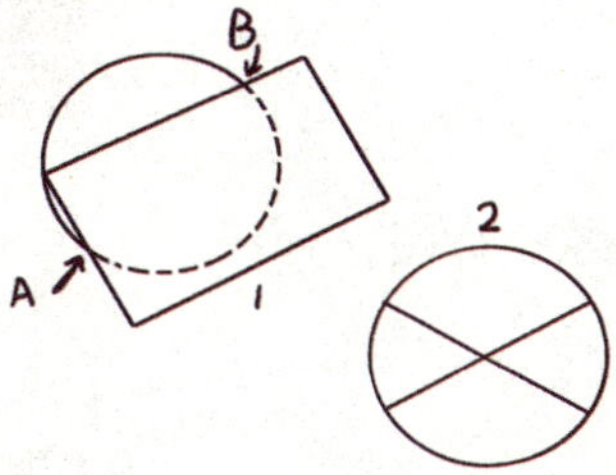

2. 按照下图的方法将旗子转换成正方形。

3. 大饼最多可以切成22块。方法如图。

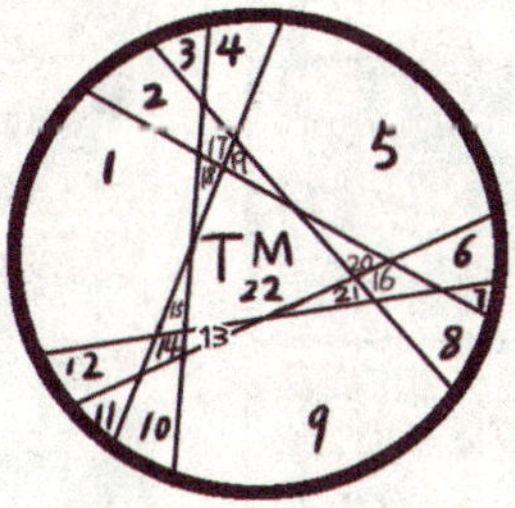

4. 如图。

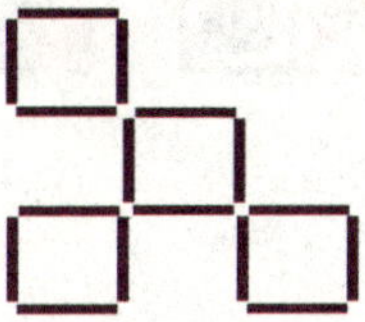

5. 如图。

6. 如图。

7. 三次，如图。

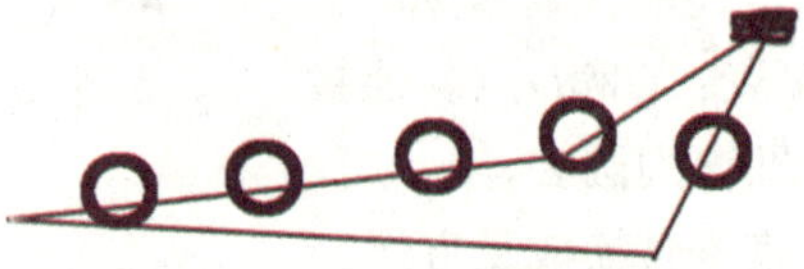

8. 如图。

9. 如图。

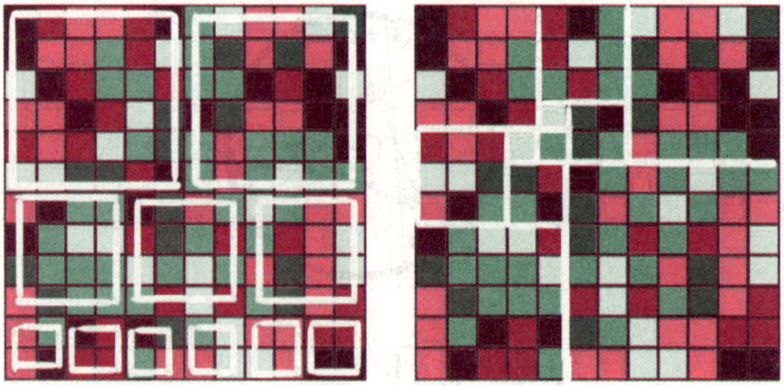

10. 最少切分成6个部分，然后拼成十字架。方法如图。

11. 姑娘连接GH，如果对手连接JK，她则连接KO和PL赢得2个格子，再连接LH，等待一步，而不继续得分。这时，对手连接GK赢得2个格子，然后被迫再画一条线段，这样就把另5个格子送给她。如果她连接GH后，对手连DH，那么她连接CG、BF和EF后再连接MN，等待一步，这样她将再赢得4个格子。

12. 如图。

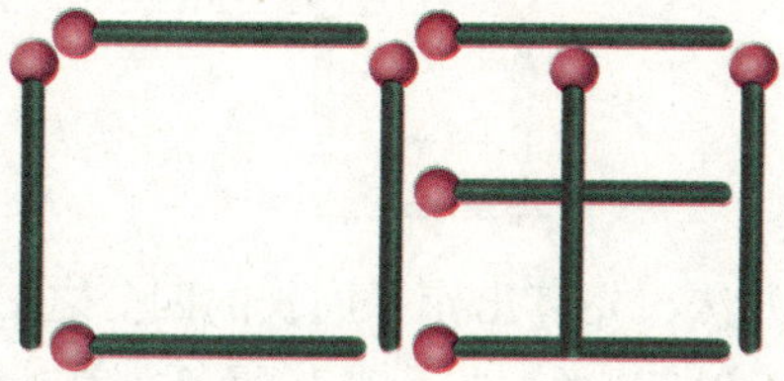

13. 很多人锯5次就可以成功地完成拼凑。其中一些人只把木板锯成4块，极少数的几个人得到了正确答案，即锯成3块。方法如图，照此方法可以把木板拼凑成一个边长为9厘米的正方形。

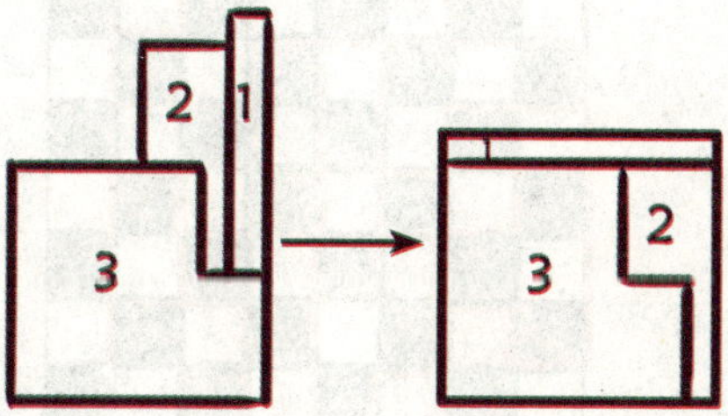

14. 这个问题可以看作是“求一个数，它的立方是一个平方数”。假设纪念碑由16个立方体构成，方式为4×4×4，那么可以将其换成8×8的构成方式，即得到地面也为16个立方体，而观察图中的比例，纪念碑和广场不可能按照这样的比例修建。同样，9×9×9的构成方式也是如此。地面为27×27的构成方式则可以满足要求，而在1000以内只有这一个答案。

15. 去年的白菜地纵横105棵，共有105×105=11025棵白菜；今年纵横106棵，共有106×106=11236棵，今年增加了211棵白菜。

16. 190条直线。如果用20个点，那么第一个点要与其他19个点连接，这样就有19

条线；第二个点可以和18个点连接，有18条线，所以可以用19+18+17+…+1=190。

17. 如图。

18. 如图。

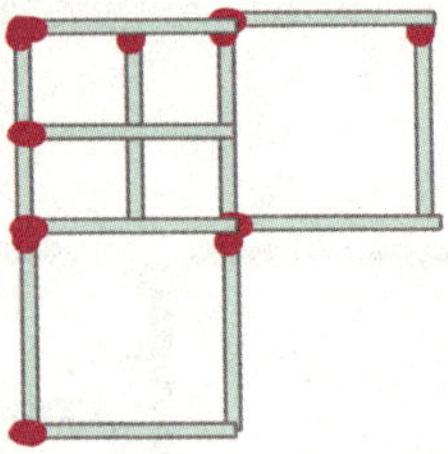

19. 这有一个简便的方法，先算出旗子周长的四分之一（6.25米），再算出旗子的对角线长度（9.01388米）的一半，两者之差（1.74306米）即为十字架的宽度。

20. 棋盘能被分成18个部分。方法如图。

21. 从图中可以看出，这座桥需要从中间开始建造。

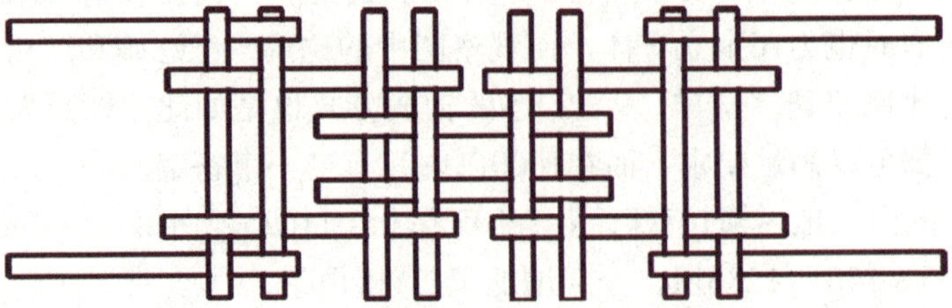

22. 把12根横杆排成一个正十二边形，就能围出最大的面积。求十二边形的面积可从十二边形各顶角到中心点作连接线，这样可以得到12个小三角形，每个小三角形的顶角为30°。取3个相连的小三角形，发现顶角为90°，连接与边平行的那条辅助线，这样将图形分成一个45°的等腰直角三角形和一个腰长为1、底角30°的等腰梯形。根据十二边形的边长和其夹角，可算出等腰梯形的底边和高的长度，再根据等腰梯形的面积公式和三角形的面积公式，即可求得等腰梯形和等腰直角三角形的面积，然后将其和乘以4，即可得到十二边形的面积约为2866平方米。

23. 按照下面的方法剪裁，即可拼凑成正方形。如图。

24. 如左下图。

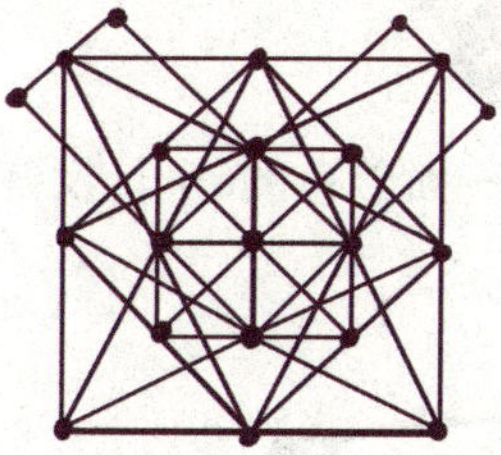

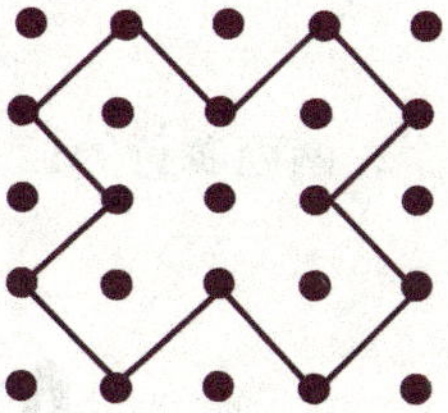

25. 如右上图。

26. E。最大的图形垂直反向放置，且缩为最小；最小的图形变成最大的，方向不变。

27. G。

28. B和E。

29. C和F。

30. B。

31. B和F。

32. B。

33. 图中标出了正确安排乌鸦的方法，这样安排可以保证相互之间视线畅通，而且巡逻人员不可能一枪打死2只以上的乌鸦。

34. 如图。

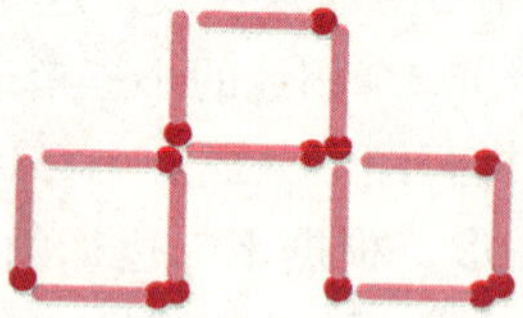

35. 仍为576个。

36. 如图。

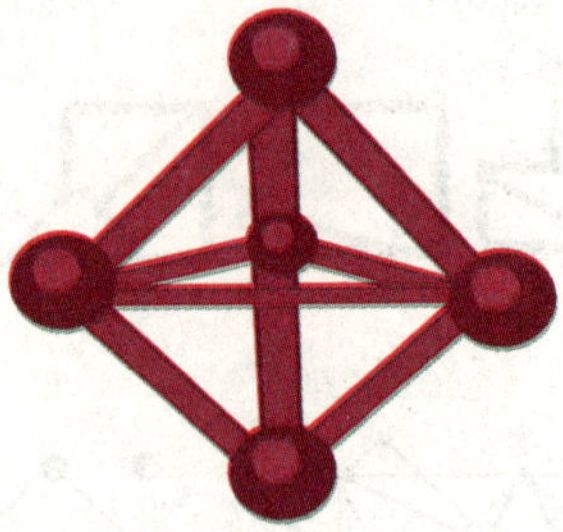

37. 三面着色的8个，两面着色的12个，一面着色的6个，没有着色的1个。

38. 如图。

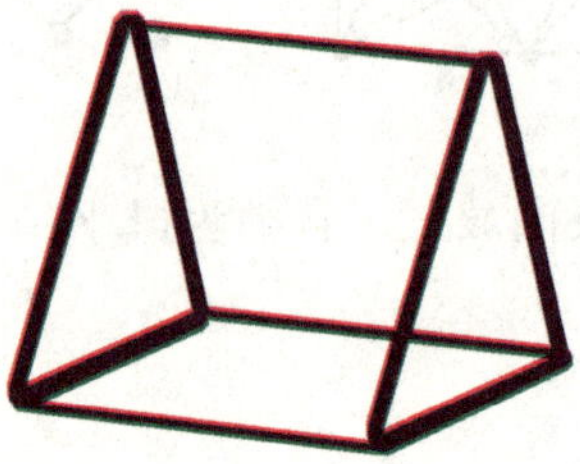

39. 如图。

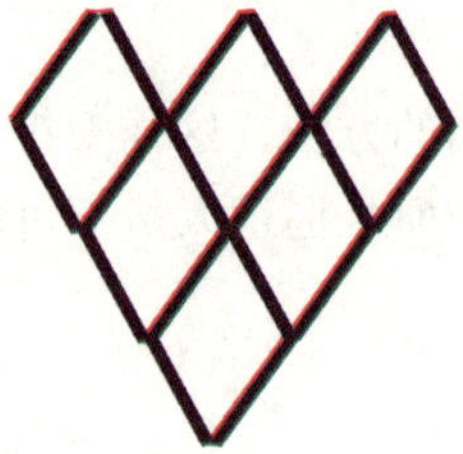

40. 如图。

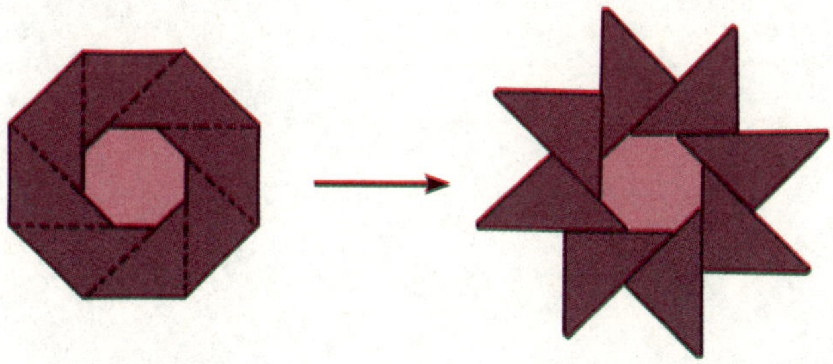

41. 先将钢材从圆柱形的两底面以“十”字形锯两次，再从侧面正中锯一次，就可将钢材分成相等的8份。

42. 把纸板放在一块木板上，钉上一个钉子。将绳的一端固定在钉子上并逆时针绕上许多圈，绳的另一端处做个环套；把铅笔尖套在环中，然后顺时针方向绕着钉子在板上画圈，即得螺线。

43. 图中有124个三角形，31个正方形，87个矩形（包括正方形在内）。

44. 图中有78个三角形，11个正六边形，66个菱形。